老前整理のセオリー

坂岡洋子 Sakaoka Yoko

JN229783

NHK出版新書
453

はじめに

これから「老前整理」についてお話しします。

本のタイトルを見て「なんの本だろう?」「片づけの本かな」と思われた人もなかにはいらっしゃるかもしれません。この言葉は私の造語です。

老後の悩みは人それぞれです。

「年金だけで老後を暮らせるのだろうか」とまずお金の心配をする人。「老人ホームに入るべきだろうか」と考える人。または「自分が死んだあとの遺産の相続は大丈夫だろうか」と不安に思う人もたくさんいらっしゃるかもしれません。こうした〝老後の問題〟にヒントをくれる本はたくさんあります。

あるいは「お墓を買っておかなければ心配だ」「葬式はどうしようか」と老後のみなら

ず、自分の〝死後の問題〟までを考える人もたくさんいらっしゃることでしょう。エンディングノートを書くなど自分の死後をプロデュースする「終活」も流行っていますね。たしかに、「飛ぶ鳥跡を濁《にご》さず」でありたい気持ちはよくわかります。

でも、準備はそれだけでいいのでしょうか。

本当に解決しなければいけない問題は「老」いる「前」にものを「整理」する、そのプロセスのなかにあります。老前整理は単なる「片づけ」や「整理」の話ではありません。ものを整理することを通じて、自分を見つめ直し、家族や友人とのこれからの人間関係を考え、未来にどのようなライフスタイルを描くのか。それらを考えることが老前整理です。

「片づけは妻に任せているから大丈夫」という男性のみなさん。その考えは本当に危険です。

私の講演に参加していただいた、ある男性のお話をしましょう。

Aさんは五〇代後半の会社員です。九四歳でひとり暮らしをする実家の父の家を久しぶりに訪ねました。母はとうのむかしに亡くなっています。「もったいない」が口ぐせの父は、家のなかに整理がつかないほどものをため込んでいました。

父は少し記憶力が落ちてきているのか、なにがどこにあるかを把握できなくなってきている様子。足の踏み場もない部屋のなかで、足元にあるものにつまずいて骨折されてしまってはたまりません。老体にとって骨折は大事故です。冬場ともなると、散らかるものに電気ストーブから引火して火事になりやしないかと心配でなりません。もちろん、Aさんは平日は毎日働いているので、ただ心配だからといって会社を休むわけにもいきません。

Aさんは「片づけようか」と父に言おうかと思いましたが、躊躇しました。なぜでしょうか？

「父くらいの年齢になると、ものを処分することは、自分が死に近づいている実感につながってしまいます」とAさんは言います。「もったいない」が口ぐせの父親だっただけに、なおさらのようです。

これは立場を変えて考えるとよくわかります。たとえば出世コースからはずれたと思っている社員に「ここを片づけて身辺整理しなさい」と言えば、リストラの合図なのかもしれないと勘違いしかねませんよね。同じように、高齢の親には、気軽に「片づけようか」

とは言えないのです。

かといって九四歳ともなると、自分でものを捨てて整理する気力も体力も当然ながらありません。

このような状況になってしまっては、転んでけがをしないようにしてあげたい、もっと快適に暮らせるようにしてあげたい、と思っても、なかなか打つ手がないのです。「だから老前整理のセミナーに来ました」とAさんは言いました。自分はそうなりたくない、子どもに迷惑をかけるわけにはいかない、と心から思ったそうです。

だからといって、自分は大丈夫だろう、とお思いですか?

こんなデータがあります。二〇三五年には、世帯主が六五歳以上の高齢世帯のうち、ひとり暮らしが四割近くになるそうです。その比率は東京都がもっとも高く、じつに高齢世帯の四四%がひとり暮らしになるだろうと推計されています(国立社会保障・人口問題研究所『平成二五年版 高齢社会白書』)。

二人に一人は六五歳を超えるとひとり暮らしになるかもしれない、というと言い過ぎでしょうか。少なくとも他人ごとではありませんよね。

もっと言えば、老前整理はあなただけの問題ではありません。高齢の親、夫や妻、子どもや孫など、一〇年後、二〇年後の家族がどのように快適に暮らすことができるか、そのすべてにかかわるお話です。

「わかったけど、なにをどうしたらいいの?」と思われた方、もちろんご安心ください。私が老前整理の活動を続けてきたなかで、特に重要だと思ったノウハウやエッセンスを本書ではあますことなくお伝えしましょう。

本書は「実家の片づけ」「身の回りの整理」「定年後の計画」という三つのステップから構成されています。

第一章は、自分のための老前整理を始める前に、まず親の実家を片づけることにより、みなさんに「老後のリアリティ」を感じ取っていただくことをねらいとしています。老いてからでは大変だからといざ家のなかの整理を始めても、「大変だから、また明日にしよう」など、肝心なものを先延ばしにして、なかなか進まないものです。理由は「老後の現実を知らない」からでしょう。その点、実家の片づけは最良の予行演習です。なぜなら、親に起きていることは、未来の自分に起こり得ることだからです。まずは現実に起こっている「実家の片づけ」という問題への対処法について書きました。

第二章は、実家の片づけで親の問題を解決したあとに、では自分はどうしたらよいのか、その手順を「老前整理のセオリー」として学び、実践していただくことをねらいとしています。写真や年賀状といった具体的なものの整理をすることで、心や人間関係の整理をしていただきます。

第三章は、未来の自分史年表をつくるところから、定年後の計画を立てていただき、「未来へのマイルストーン」をイメージしてもらうことをねらいとしています。これからどのような暮らしがしたいのか、未来に向けたプランニングです。

また全章を通じて、さまざまな悩みを持つ人や、老後で失敗した人の例が登場します。私が講演やセミナー、ワークショップなどの活動を行うなかで見聞きした豊富なケーススタディを交えて「老前整理のセオリー」をお伝えしたいと思いますので、ぜひ「自分だったらどうだろうか」と想像しながら読んでいただけると幸いです。

それでは、老前整理の話を始めましょう。

老前整理のセオリー　目次

第一章　老後のリアリティ――実家を片づける

1．なぜ実家を片づけないと危険なのか？

実家の片づけから始めよう

「老前整理」を私が提唱しはじめて、はや六年が経ちました。

二〇一一年に『老前整理――捨てれば心も暮らしも軽くなる』（徳間書店）という本を初めて出版してから四年が経ちますが、ようやく「老前整理」という言葉が広く知られるようになりました。

おかげさまで、生活情報番組などテレビやラジオへの出演依頼、新聞や雑誌の取材などもたくさんいただくようになりました。ここ数年は全国各地に講演へうかがう忙しい日々を過ごしております。

「老前整理」について書いた本もシリーズで累計一八万部を超えるなど、多くの人に実践していただくようになりました。本書を書くきっかけも、私が二〇一四年にNHKのラジオ番組に出演して三か月間の講座を担当したことです。

ところが、最近、身の回りの異変を感じております。

「老前整理」というテーマ以外についても取材をよく受けるようになったのです。しかも、ビジネス雑誌や駅で主に売られるタブロイド判の新聞など、片づけや整理とはほど遠いように思えるものばかり。主に三〇〜六〇代の男性が読むメディアです。

その特集のすべてが「実家の片づけ」でした。

「え⁉　実家の片づけの記事をビジネスマンが読むの？」と最初は驚いたのですが、一読者として記事を読むと、なるほどビジネスマンが実家の片づけに悩む理由がよくわかります。

私が読んで感じたことは、さすがビジネスマン向け、親の実家をどう片づけるかは、ある意味「いざというときのリスクマネジメント」なのだという事実です。

親が要介護状態や認知症になってからではものの処分ができない、親族と遺産でもめたくない、空き家になったときに近所迷惑となるなど、さまざまなトラブルを回避するために、実家の片づけが必要とされているのです。

「なるほど、その手があったか！」

と私はひざを打ちました。というのも、「老前整理」のコンセプトは男性になかなか伝わりにくく、「たかが家の片づけの話でしょう」と過小評価をされることもしばしばです。

実際、私の講演やセミナー、通信講座（NHK学園）を受講してくださる人たちの八割は女性です。もちろん男性もときどきいらっしゃいますが、「妻に連れてこられた感」がただよう方ばかりで、なかなか主体的に参加していただけません。

しかし、「片づけは妻に任せているから大丈夫」という考えは本当に危険だと私は思います。「老」いる「前」に、一度、身の回りを見直し、これからの暮らし（老後）を考えて、ものとあたまの「整理」をしましょう。

「老前整理」は、老いに備えて安全で快適な暮らしを準備することであり、自分がどう生きていきたいかを考えることです。男女を問わず、誰にとっても必要なプロセスであり、今のうちからしておかないとあとから苦労することがほとんどです。

しかしながら、なかなか男性の主体的な参加をうながすまでにはいたりませんでした。

そこで「実家の片づけ」です。

実家の片づけを通じて、老後のリアリティを知る。そして「このままでは自分もまずい」と実感することができる。こうした理由をもとに、本書では、まず実家をどう片づけたらいいのか、そのノウハウをお伝えしたいと思います。

こたつのコードで認知症

実家を片づけないとどうなるのか、まずは実際の事例を紹介しましょう。

たとえば、床にものをおいたまま放置するとどうなるのでしょうか。

「老前整理」をテーマにした、あるセミナーでの出来事です。

私が「きちんと片づけをしないと、高齢になったときにつまずいて本当に危険だ」という話をしていると、参加をしていた女性が突然「もう少し早く、この話を知っていればよかった……」と涙ぐんだのです。五〇代ぐらいでしょうか、おひとりで来ていらっしゃいました。

セミナーの参加者は平日の午後ということもあり、九五%が女性、残り五%が男性でした。女性が多い場合は「片づくとどんなメリットがあるのか」「どうしたら片づくのか」というハウツーをセミナーのメインにします。より実践的であるほうが喜ばれるからです。

一方、男性の方は「片づける必要があれば、片づけてすぐに問題を解決すればいいではないか」とすぐに思われるようですね。

先日もある全国紙の三〇代男性の新聞記者が、私のところへ取材に見えました。第一声は「片づけや整理の本がこんなにもたくさん書店にあるものなのかと驚きました」でした。女性がどれほど家のなかの片づけで困っているのか、プレッシャーを感じているのかを、男性はあまりご存じないようです。

さて、先ほどの涙ぐんだ女性はこんな話をしてくれました。

「昨年の冬に八〇代の父がこたつのコードにつまずいて転び、骨折して入院しました。入院後は環境が変わったからか、次第に認知症の症状が出てきまして、点滴の注射の管をはずして動こうとします。そのことがあってからは、父はひもでベッドにしばりつけられるようになりました。その姿を見るたびに、情けなく、つらく、悔しい気持ちになります。

父は完全看護が必要でしたが、親せきなどほかの誰かに付き添いを頼むこともできません。かといって、私も仕事があり二四時間ずっとそばについていることができませんでした。だから、入院したほうがいいという病院からの申し出を渋々了承しました。

その後も、父は入退院を繰り返しながら、半年後に別の病院で静かに息を引き取りました。もとはといえば、散らかっていた部屋に埋もれていた、こたつのコードが始まりだったのです。もし、私が転倒の危険性や片づけの大切さを知っていれば、父が転ぶこともなかったかもしれない。そう思うと本当に残念でなりません」

この女性はご自分をしきりに責めておられました。

「もし、あのとき、こたつのコードに注意していれば……」というのは、いわば結果論です。あとからならば、いくらでも言うことができます。

こたつのコードがなかったとしても、積み上がった新聞や雑誌につまずいて転んだかもしれない。しかし、床になにもなかったのなら、もしかして今でも父は元気だったかもしれない。これらは、あくまで「かもしれない」の仮定の話です。

なにかが起こってからでは本当に手遅れです。このように実際の体験談を聞くと、その危険性を感じることができます。

筋力や認知機能のおとろえが高齢者の事故を増やす

高齢者の事故は増えつつあります。

数字をあげましょう。東京消防庁の救急搬送データで、高齢者の事故がどれくらい発生しているかを見ると、平成二一（二〇〇九）年から平成二五（二〇一三）年までの五年間で高齢者の事故は年々増加していることがわかります。

【高齢者の日常生活事故発生状況】（東京消防庁管内）

平成二一年　四万九二六四人

平成二二年　五万二二〇六人

平成二三年　五万六五一二人

平成二四年　五万九四〇一人
平成二五年　六万一九二八人

救急搬送されている事故の原因を見ると、「転ぶ」「落ちる」「ぶつかる」などの事故発生時の動作分類では、「転ぶ」事故が全体の約八割を占め、次に多く発生している「落ちる」事故よりもはるかに多くなっています。その数は年々増加し、平成二五年には四万四二五二人と四万人を超える高齢者が救急搬送されています。

また、高齢になるほど、転ぶことがけがにつながる割合も高くなっています。「転ぶ」事故の発生場所は、住居がもっとも多く、住宅の屋内だけで、転ぶ事故全体の五割以上を占めています。

では、事故が起こったときになにをしていたのでしょうか。

【六五歳以上の家庭内事故時の行動】

●歩いていた　二九・〇％

●調理以外の家事　八・七％
●調理　七・六％
（国民生活センター「病院危害情報からみた高齢者の家庭内事故」平成二〇年より）

このように、約三〇％の事故が「歩いていた」ときに起きています。先ほどの女性の父親が転んで骨折をしてしまったのも、確率が低いめずらしい例というわけではまったくなく、高齢になり運動能力や認知機能がおとろえると、当たり前に起こり得る話です。

転ぶのはこたつのコードにつまずくなど、決して特別なときではありません。床にものがあること。たとえば、フローリングの床に敷いたカーペットの端や座ぶとん、新聞や雑誌、ホットカーペットのコードもつまずく原因になります。

つまずくと転ぶ、つまり転倒します。平らな床でなぜ転倒するのか。もちろん、そこにものがあるからです。電気のコードや雑誌という、わずか数ミリから数センチのもので転ぶのです。

一〇センチの段差であれば、注意をして足を上げますが、この数ミリというところに油断が生じやすい。自分では爪先を上げているつもりなのに、反射神経や筋力の低下などにより、足が上がっていないということも起こりやすくなります。

五〇代のある女性は、八〇代の伯母を見ているとハラハラして仕方ないと言います。伯母はときどき病院には行くものの、介護を受けるほどではありません。しかし、その行動が危なっかしいのです。

あるとき、伯母が天袋からものを取り出そうとして、あるものに乗っかっていました。なんだと思いますか？　なんとソファのアーム、横にあるひじ掛けに乗ってものをとろうとしていたのです。「危ないからやめて」と言っても、伯母は「大丈夫よ」と意に介さないのです。高齢になるとバランス感覚がおとろえますので、踏み台に乗るのさえ危ないことです。

もちろん、そうせざるを得ない事情もありました。この伯母は夫に先立たれてひとり暮らしをしています。衣替えは自分でしなければならず、天袋を自分で開けないといけないのです。重いソファを動かして踏み台をおくスペースをつくることもできず、仕方なくソファのアームに乗ってものをとっているというわけです。

このケースでは、もはや伯母さんのひとり暮らしは限界だと思ったほうがいいでしょう。住み替えなどを検討したほうがいいとアドバイスさせていただきました。みなさんの親は筋力や認知機能のおとろえに気づかずに、まだ元気だと思い込んでいないでしょうか。過信が文字どおり「命取り」になります。気をつけてください。

大切な思い出を事故で突然失う

実家を片づけておいたほうがいいのは、なにも「ものが多いと転倒して危険だ」という単純な理由からだけではありません。

「整理しておけばよかった」という瞬間は、ある日、突然やってきます。

七〇代後半でひとり暮らしの治代さん（仮名）は、夫に先立たれながらも、地域の活動にはとても積極的で、地域コミュニティでもリーダー的な存在でした。

ところが、ある日、外出して歩道を歩いているときに、後ろから走ってきた自転車とぶつかり転倒し、救急車で病院に運ばれました。

すぐに手術をして、大事にはいたりませんでしたが、大腿骨を骨折。医師から言われた「退院してもひとり暮らしは無理でしょう」という、思ってもみない言葉に、治代さんはとてもショックを受けました。

退院後のことをしばらく考えてみたものの、たしかに退院しても不自由な足では家事もできません。そこで病院のケースワーカーに相談し、結局、治代さんは住み慣れた家に一度も戻らず、有料老人ホームに入居することになりました。

親族は甥がいるものの、何十年も連絡をとっていません。治代さんの友人が身の回りのものをまとめて、老人ホームに届けてくれました。また、家は借家だったので、荷物の処分も友人に託しました。

治代さんは着替えやわずかな衣類しか老人ホームに持っていくことができず、着物など大切な思い出の品を失ったのです。

「こんなことなら、着物もお世話になった方たちにもらってほしかった」

「日記や思い出の品も、自分で片づけたかった」

治代さんは早めに整理をしておけばよかったと悔やみ、一年後、その老人ホームで亡くなりました。

同じくひとり暮らしの七〇代女性のお話もご紹介しましょう。

この女性は元気なうちに引っ越してしまおうと、住み慣れた住まいを離れて、湖畔の有料老人ホームにおひとりで移られました。入居した者同士の交流もあり、とても楽しく過ごしているそうです。

でも、ひとつだけ悩みがあります。

元の家に残してきたアンティーク家具が気がかりで仕方ないそうです。長年かけて集めた愛着のある家具ですから、なかなか処分することができません。価値のある家具なので、子ども夫婦にゆずろうと思ったものの、趣味が合わないからと断られました。

今でも月に一回は風を通すために家へ通っていますが、いつまで通えるかと不安です。また、泥棒に入られないかという心配で、おだやかな湖を見て過ごしているのに落ち着かないそうです。ぜいたくな悩みですね。

やはり、なぜ早めに整理しておかなかったのだろうと後悔しているそうです。

こうした親世代の方々の体験談を実際に聞いてみると、自分の親とは無縁だと言いきれませんよね。高齢者なら誰しも起こり得る事態です。

ご近所からの苦情や火事の不安

親と離れて暮らしておられる方は、ときどき親に電話して元気かどうかを知る人もいらっしゃるでしょう。

「もちろん元気。大丈夫よ」

という言葉に安心されるのだと思います。でも、本当にそれで大丈夫でしょうか？

ぜひ、次のような質問を続けてみてください。

「昨日はどこに行ったの？」

「お昼ごはんは食べた？　なにを食べたの？」

ぱっと答えられないと要注意。物覚えが少し悪くなっているかもしれません。また、外に出ていないと人と話す機会が少なくなりますので、とても心配です。なるべく外に出るようにうながしましょう。また、ごはんがスーパーで買ってきた惣菜《そうざい》のみの場合も気をつけてください。だんだんと食べるものに注意をはらわなくなり、料理をするのがおっくうになるのは老いの兆候です。

五〇代女性のMさんの母親は田舎でひとり暮らしをしていました。同じように「どこに行った?」「ごはん食べた?」と質問をしてみたところ、答えがあいまいで、心配に思ったMさんは普段は盆暮れ正月にしか顔を出さない実家を思いきって訪ねてみました。

すると、予感は的中。床にものが散らかり、届いた郵便物や宅配便が未開封のまま玄関においてある。また、スーパーで買ってきた野菜や果物などが腐り、そのまま捨てられずに放置されていました。

これはまずいとMさんは、なにかあったときに助けてもらおうとご近所の人に声をかけました。そこでまた、かけられた言葉に面食らいます。

「火事になったら本当にこわいから、なんとかしてちょうだい」

聞けばあるとき、Mさんの母親は料理をしているときに、鍋をかけたまま忘れてしまいボヤ騒ぎを起こしていたというのです。もちろん、Mさんは母親から電話でそんなことはひとことも聞いていません。戻ってキッチンにある鍋を見ると、たしかに真っ黒にこげた鍋がありました。

母親にどう注意をうながしたらいいのか。ご近所のみなさんにどう安心してもらえばいいのか。まったくわからず、Mさんは途方に暮れてしまいました。

こうしたことはよくある話です。ひとり暮らしの高齢者が住むあるお宅は、ダンボール箱やものがそこらじゅうに積み上がり、近所の人たちからはやはり「火事になったら大変だから、きちんと片づけてくれ」と言われているそうです。

なにかが起きてからでは遅い、というのはご近所に迷惑がかかるからでもあるのです。

Mさんには、すぐに実家を片づけるようアドバイスさせていただきました。片づけるなかで、これからの暮らしをどうしたらいいのかを親子で話し合うことが大切です。

もしかしたら、Mさんの家の近くのコンパクトなマンションに住み替えてもらったほうがいいのかもしれません。もしくは介護サービスにも対応している高齢者向けマンションに入ったほうがいいかもしれません。選択肢はいろいろあります。

2. 片づけにはタイミングがある

高齢の親には「片づけよう」と言えなくなる

「実家を片づけておかないとまずいかもしれない」と思っていただけたところで、その実家の片づけのタイミングについて考えていきましょう。

突然ですが、みなさんは始末というと、どういうことを連想されるでしょうか。辞書で「始末」を引くと、「(物事の)しめくくりをつけること、片づけること、処理」という意味や「無駄遣いをしないこと、倹約すること」などさまざまな意味があります。

こういった言葉の意味から、親に「片づけましょう。始末しましょう」と言うと、「冥《めい》土《ど》への準備をしろということか」と思われる場合が多々あります。つまり、たとえば高齢の母親に「ものが多すぎるから始末しよう」と娘が言うと、ほとんどの場合、「死ぬ準備をしてほしい」とか「早く死んでほしい」の遠回しの言い方だと誤解されるわけです。

あかの他人ならば一定の距離をおくところですが、親子となると遠慮がありません。容赦のない言葉の応酬になることもしばしば。精神的にとてもきついことですね。

余談ですが、これも実の娘や息子だから言えることで、もし嫁が同じようなことを言おうものなら、「うちの嫁は私に早く死んでほしいのよ」とご近所に鬼嫁として吹聴されるかもしれません。ここが嫁姑のむずかしさ。

また、感情の問題もあります。

「なぜ始末しなければいけないのか」

「なぜ今のままでいけないのか」

「なんで子どもにそんなことを言われないといけないのだ」

言われた親にしてみれば、納得のいかないことばかりでしょう。うがった見方をすれば、のちのちの遺品整理が大変だから、今のうちに片づけさせようとしているのだろう、財産目当てで金目のものを持っていくつもりではないか、というような妄想につながることもあります。こうなると疑心暗鬼になり、片づけどころではなくなり、親子の関係にもヒビが入ってしまう。

自分のことならまだしも、人になにかをさせるのはずっとむずかしいものです。子育てで苦労することにも似ています。親の「よかれ」という思いは、なかなか子どもには伝わらないものですよね。同じように、子どもの「よかれ」が親には伝わらない。実家の片づけにはこうしたことがよく起こります。

はっきり申し上げて、実家の片づけは、親が高齢になってからでは遅すぎます。歳を重ねるにつれ、片づけの負担は大きくなっていくものです。片づける、捨てる、という作業にはまず体力と気力が必要です。重いものを動かすときのからだの負担、思い出の品の処分を決断するときの心の負担。さまざまな負荷がかかる作業です。

片づけにはタイミングがあるのです。

高齢の引っ越しはからだにこたえる

もう一つ、八〇代半ばでひとり暮らしをしていたある女性の話をしましょう。

この女性はいわゆる二世帯住宅で子どもの家に世話になることをこばみ、シニアマンションへの入居のすすめもまた断りました。若いころから、がんこな気性で、なかなか家族のアドバイスに聞く耳を持ちません。そして、住み慣れた場所にとどまりたいという希望から、老朽化した家を建て替えることにしたのです。

ところが建て替えが決まり、工事の間に住む仮住まいに引っ越しをしたとたんに体調を崩し、寝込んでしまいました。八〇代半ばながら、日ごろは元気な姿を見せていただけに、周囲にいた人はみな驚きました。

引っ越しはからだにこたえるようです。住み慣れた家から仮住まいに、さらに新しい家ができあがったら、また引っ越しです。しかも、新居の環境に慣れなければなりません。体調を崩してしまっては、せっかくの新居でもひとり暮らしはむずかしくなってしまいます。

住まいの環境を変えることは、年齢を重ねれば重ねるほど簡単ではなくなります。肉体的な疲労はもとより、精神的な負担も計り知れないものがあるのです。もし住む環境を変えるのであれば、それもまた気力・体力のあるうちに早めに決断することが必要です。

そろそろ親を呼び寄せていっしょに暮らそうか。コンパクトな家に住み替えてもらおうか。いくら子どもが親のためを思って考えていても、うまくいくとはかぎりません。決断は早くしなくてはいけないのです。

また、ものが多くては引っ越しもままなりません。早くから片づけて、少しでもものを減らしておくことが不可欠です。親がまだエネルギーを残している間に「元気で長生きするために身の回りを整理しよう」と言ってあげなくてはなりません。

親の「元気だから大丈夫」には気をつけよう

次は、八〇代半ばの女性Kさんのお話です。

ある日の朝、Kさんの家の前に救急車が止まりました。「ピーポー」という音がとても大きかったので、隣人たち数人も驚いて家のなかから出てきました。

みんな様子が気になるけれど、事情がわからず外から遠巻きに玄関を見守っていました。結局、Kさんが担架で運び出されることはありませんでした。亡くなっていたわけでも重体だったわけでもありません。数日食事をしていなくて栄養失調だったのです。

なんだそんなことか、人騒がせな話だ、と思われるかもしれません。しかし高齢者の栄養失調はめずらしいことではありません。食事のバランスが悪いとき、体調を崩したときに陥りやすく、命にかかわることもあります。夏の熱中症も同じです。

Kさんは長年元気で暮らしており、自分から「おはよう」と近所の人に声をかける明るい人でしたので、介護ヘルパーに来てもらうこともなく、ひとりで生活していました。隣人たちもまさかそんなことになっているとは思いもよらなかったのです。

今後のひとり暮らしは困難なうえに身寄りがないので、民生委員主導でKさんは施設に入居することになりました。

なんと冷たい隣人たちだと思われますか。そうではありません。Kさんが危険な状態だったとは誰も知らなかった、気づかなかったのです。

ミカンをたくさんもらったからとか、節分にイワシをたくさん買ったからとおすそ分けを持っていくなど、それぞれにKさんのことはいつも気にかけていたのです。

しかしKさんの家のなかまで通されることはなかったので、隣人たちもそれ以上踏み込むことはありませんでした。土足で人の家に上がり込むという言葉があるように、招かれもしないのにずかずかと入り込むようなことはしなかったのです。だから定期的に声をかけることはあっても、Kさんがそんな状態になっているとは思いもしませんでした。

そしてある朝、救急車のサイレンでKさんの異変を知ったのです。

これが自分の親だったらどうでしょうか。「電話でいつも元気そうだから大丈夫」なのでしょうか。なにかが起こってからでは、取り返しがつかないことは言うまでもありません。

いつ、なにが起こるのか予想がつかないのが高齢になった親です。歳を重ねるほどできることはかぎられてきて、環境の変化に対応することもむずかしくなります。実家の片づけにはタイミングがあります。

では、そのタイミングを知るにはどうしたらよいでしょうか。まずは実家がどのような状況、状態にあるかを把握することです。次に、そのやり方について見ていきましょう。

3. 実家の状態を知る

実家にものがあふれている理由

この本を読まれているほとんどの方は日本の高度経済成長期を過ごし、ものに不自由したことはほとんどないと思いますが、みなさんの親の世代はどうでしょうか。

そのむかし、三種の神器と呼ばれた家電製品は電気冷蔵庫、洗濯機、テレビでした。もちろんテレビは白黒放送の時代を記憶されていることでしょう。冷蔵庫といえば、箱のなかに氷を入れて使っていた、なんて時代もありました。電話は一家に一台どころか、町内に一台あるかないかという世界です。

このように戦前、戦後と「もののない時代」に青春を過ごしてきた世代は、ものを捨てること自体がなかなかできません。物資があってもバリエーションは少ない時代でした。「もったいないから」と押入れや戸棚の奥になんでもしまい込むのがくせになっています。なんでこんなガラクタをため込んでいるのだろうと、フシギに思われたことはないでしょうか。親世代は「もったいない」という価値観を持つ世代です。

ものは月日とともに、年齢を重ねるごとにたまっていきます。なぜなら、捨てて手放すものよりも、買うものやいただくものなど家のなかに入ってくるもののほうが多いからです。

試しに一度、一週間にどれだけのものが家のなかに入ってくるのか、たとえばお中元やお歳暮、お礼のいただきもの、買ってきた食品、郵便物やチラシなどを数えてみてください。いかに入ってくるものが多いかがよくわかると思います。二〇年、三〇年先を生きている親世代の家にものが多いのは当然のことです。

ものを増やすことと捨てることは、どちらが簡単でしょうか。増やすことのほうが簡単ですね。「もったいない」「高価だった」「まだ使える」という気持ちが、いざ捨てようとしたときには必ず立ちふさがるものです。「いつか捨てよう」「そのうち捨てよう」と思っているうちに時間が過ぎてしまうものです。

ごみ屋敷チェックシート

実家を片づけずに放っておけば、いつかテレビのワイドショーで見たことのあるような、ごみ屋敷になってしまっているかもしれません。

そこで、あなたの親の実家が、将来ごみ屋敷にならないかどうかを測るチェック項目を紹介しましょう。次の項目にあてはまるものが多いほど、あなたの親は「もったいない世代」です。

□**サイズが合わない服や靴がたくさんある**

サイズが合わない服や靴をとっておくくせがある親は要注意。「スリムになれば着られる」と言いながら、おそらくダイエットをするつもりはありません。

□**贈答品が箱に入ったまましまい込まれている**

結婚式の引き出物やギフトを箱に入ったままでしまっているケースも見過ごせません。使うかどうかの判断をせずに先送りして、とりあえずしまっておくのが習慣になってしまっている可能性があります。

□**使われることのない電化製品がある**（**ミシン、ポット、扇風機等**）

家電製品をもったいないからととっておくのは、じつはとても危険です。久しぶりに使った扇風機から発火して火事になったという事故もたくさんあります。家電製品の「経年劣化」（長年の使用によって製品内部の部品が劣化して性能が低下すること）による火災事故は、製造から一〇年以上経っている製品で多く発生すると言われます。まだ使うことがあるかもしれないから、と家電製品をとっておいても、それが災いのもとになる可能性すらあるのです。

□来客用の高級食器が必要以上にある

高級食器をため込むのも、「もったいない世代」の特徴です。私の老前整理のセミナーにもそういう方がよくいらっしゃいますので、そんなときは「一年にどれくらいの来客がありますか」と聞くようにしています。たいていは「ほとんどない」とおっしゃいます。ならば手放してもいいはずですね。しまい込まずに普段使えばよいのです。

□紙袋やビニール袋が一〇〇枚以上ある

紙袋やビニール袋が必要以上にあるときは特に警戒しましょう。ものをなかなか処分させてもらえないことを覚悟しなくてはなりません。八〇代でひとり暮らしのある女性は、紙袋をため込みすぎて、黄ばんだ古い紙袋までとってありました。

□使われていないきれいな箱やかわいい缶がある

同じように和菓子のきれいな箱や、チョコレートやクッキーのかわいい缶などを大量にとっておくくせのある親も要注意です。七〇代のある女性は、箱のなかに箱、またそのなかに箱と、ロシアのマトリョーシカのように箱をとっておくのが習慣だそうです。きれいにしまわれているところに思わず感心してしまいましたが、なんのために箱をとっているのかと聞けば「なにかあったときのために」と言います。それではいつまで経っても片づきませんね。

□押入れに使われることのないふとんがある

使われないふとんがあるというのもこの世代です。ある女性は結婚して四〇年以上経つのに、嫁入りのときに親からもらったふとんが処分できなかったと言います。むかしのふとんですので、綿が重くなってしまい使うことはできません。重すぎて干すこともできず、じっとりと湿っておりカビが生えないかと心配だと言います。でも、「せっかく親がこしらえてくれたものだから、捨てるに忍びない」というわけです。みなさんの実家のふとんはどうでしょうか。

実家に帰ったときに、この項目にあてはまるものがないかを確認してみましょう。チェックが多ければ多いほど、実家がものであふれ返らないように注意する必要があります。

不要品を実家に送りつけた結果

私の経験では、歳を重ねた高齢者ほどものを手放せなくなるようです。理由としては、ものがあること自体が安心につながるということがあるようですね。

ですので、勝手に片づけてしまうと、精神的に不安になり、「誰かに盗まれた」という妄想に発展する場合もあります。

たとえば、夫が大切にしている片袖が破れている学生時代のラグビーのユニフォームを、妻が「そんな汚いもの捨ててちょうだい」と言えばどうなるのか、想像がつきますね。親子でも同じです。「なぜ捨てようとするのか」と争いになることもしばしば。価値観の対立が起こるのです。

大切にしていたものを手放そうと決断するには、心の整理と時間が必要なのです。ものの整理は自分が納得し、自分のためにやってみようと踏み出さないと始まりません。

娘や息子がなんとかしなければと思っても、親に片づける気がなければトラブルになります。根気強く、なぜ整理しなければならないか、また、それをすることで、これからの暮らしの安全や安心を手に入れられることを理解してもらわなくてはなりません。

しかし、最近、実家にものがあふれている理由は、親のせいばかりではないことに気づきました。

テレビの夜のゴールデンタイム番組で、あるタレントの親の実家を片づけるという企画がありました。私も整理の専門家としてお手伝いさせていただいたのですが、驚いたことにその方の実家には、子どものおもちゃやらベビーベッドやら服やらがところ狭しとおかれていたのです。

聞けば、そのタレントの妻が「家においておくとジャマだから」という乱暴な理由で、実家に子どものものを宅配便で送りつけていたのです。みなさんも不要なものを実家に送りつけていませんか。「言われてみれば……」という声が聞こえてきそうですね。

都会のマンションは狭いからと、田舎の広い一戸建てに住む親にいらないものを送りつける。または青春時代の思い出の品や、大量の本を実家に残したままになっている。思いあたることはないでしょうか。

これもまた、実家にものがあふれる理由の一つです。これぱっかりは、親のせいだとは言いきれませんね。後悔するのは、実家を片づけなければならない私たちです。

親の異変に気づくチェックシート

みなさんは実家にどの程度の頻度で帰るでしょうか。盆暮れ正月だけだ、月に一回は帰る、などそれぞれでしょう。

実家と自宅の距離にもよるかもしれませんね。両親は田舎に住んでいるので、新幹線や飛行機を使わないと帰れません、となると、そうそう頻繁に実家を訪れるわけにもいかないでしょう。

「気がつくといつも親には電話しているから、大丈夫」という人もいらっしゃるかもしれませんが、じつはその油断が危険です。親はいつも子どもに迷惑はかけたくないと思っているもの。口では「元気よ」「大丈夫よ」と言うものです。実家が今どうなっているのか、その状況は電話ではなかなか感じ取ることがむずかしいものです。

「盆暮れ正月は帰る」という人も少し注意しましょう。親せきが家に集まるタイミングでもありますから、日常生活では散らかっていても、そのときばかりはと親も表面的に片づけてしまっている可能性があります。季節のイベントが終われば、また元どおりに散らかり放題なんてこともありますので、できればなにげなく「ちょっと寄ってみたよ」と帰るのがよいでしょう。

いざ実家に帰ったときに、みなさんに注意して見てほしいポイントがあります。親の異変を感じ取るためのコツです。一つずつ紹介していきますので、参考にしてください。

□床にものがおいてある

床にものがおかれはじめたときは気をつけてください。洋服、本、新聞の束、ダンボール箱、空っぽのペットボトル、スーパーの袋のかたまり。そんなに大きくないもので、ぽつぽつとたくさんおかれているのは、日常生活の風景としてそれほど違和感がないのですが、みなさんには「まずいぞ」と思っていただきたいポイントです。少しばかりのものを片づける気力がない、体力がない、ということなのかもしれません。また、床にものがおいてあると転倒することがあり、とても危険です。それとなく「疲れてない？」「外に出かけてる？」など、話しかけてみましょう。

□二階が使われていない、もしくは使われていない部屋がある

親が一戸建てに住んでいるという人は、二階の部屋を注意深く見てください。その部屋は使われているでしょうか。単なる物置きになっていて、しかも出入りした形跡がほとんどないとなると、それは階段を昇り降りすることがしんどくなってきているのかもしれません。ひざの痛みなどないでしょうか。からだに異変がないかどうかを確かめてあげるとよいでしょう。また、使われていない部屋がある場合も注意する必要があります。もちろん、親がひとり暮らしをしていて部屋を持て余している、子ども部屋が使われなくなる、など理由があることも多いでしょうが、もしかしたら親が生活する家のな

かのエリアがせばまっている可能性があります。掃除が行き届いていないこともしばしばですので、チェックして異変があれば、やはり親に尋ねてみましょう。

□洗濯物がリビングにある

家のなかで親の生活する行動範囲がせばまっていることを表す、象徴的なものが洗濯物です。特に洗濯物がリビングにあるときなどは注意したほうがよいでしょう。二階のベランダに干す場所があるのに、一階の浴室に干してあるという場合もあります。「雨が降りそうだから」ということもあるとは思いますので、親とうまく会話してみましょう。たたんだ洗濯物を積み重ねてリビングや床にそのままおいてあるというケースも要注意です。タンスやクローゼットにわざわざしまうのが面倒になっているのではないか、気力や体力が落ちているのではないかと疑ってみたほうがいいと思います。また、洗濯物があるということは、リビングを訪れるお客様がいないということでもありますので、ご近所付き合いがうまくいっているのかなどをそれとなく確認してあげると、親も安心するのではないでしょうか。

□スーパーで買ってきたものが買い物袋に入ったままになっている

買い物をしてきたものの、買ってきたものがそのまま買い物袋に入っているということがしばしばあります。これも「冷蔵庫や棚にしまうのが面倒だな」という親の気持ちの表れ、もしくはすっかり忘れていることの表れです。ミネラルウォーターなど箱買いしたものが、そのままダンボール箱に入っているというのも同様です。キッチンを見渡して、しょうゆのペットボトルなど調味料のストックが床におかれていないかどうかなども見てあげるとよいでしょう。

□料理をした形跡がない

キッチンを見て「あれ、料理していないかもしれない」と思ったら気をつけないといけません。体力や気力のおとろえは、料理をするのが面倒だな、ひとり暮らしで誰も食べてくれる人がいないしスーパーの惣菜でいいや、など料理をしなくなることにつながります。

献立を考え、買い物をし、順序よく作業を進め、盛り付け、食べる、片づけるという料理の流れは、あたまの体操になります。やかんでお湯をわかして、お茶をきゅうすで入れるのが当たり前だったのに、ペットボトルのお茶がストックしてあるなど、親の習慣の変化にも気づいてあげてください。

□トイレットペーパーを買いだめしている

買いだめは「買い物に行くのが面倒だな」というサインです。特にトイレットペーパーは、オイルショックでトイレットペーパーが買えないという時代を経験した不安から、親世代が潜在的に買いだめをしやすいものの代表です。「ひとり暮らしなのに、これ何年分のトイレットペーパー⁉」と驚くような量をストックしているお宅も、実際に見たことがあります。たいてい外に出るのがおっくうになっていますので、少し気をつけて話を聞いてあげてください。

□お風呂に入らなくなる

なぜ高齢者がお風呂に入らなくなるかご存じですか。じつはお風呂を掃除するのはとても体力のいることです。ひざを曲げてしゃがみ、また伸ばして立ち、背伸びしてタイルをふき……思いもよらない行動が、老いると大変に感じるものです。同じ服や下着を着るようになるのも同じ理由からです。洗濯をあまりしたくないから、洗濯物を出さないようにしているのです。慣れるとそれが当たり前になります。気をつけて見てあげてください。

□郵便物や宅配便を開封していない

届いた郵便物や宅配便の荷物が玄関におかれたままで、まったく開封した形跡がないというケースも多く見られます。共働きで仕事が忙しい夫婦ならまだしも、定年を過ぎた親が「忙しすぎて、開ける時間もない」ということはないでしょう。そこにはなんらかの理由があるはずです。ただ面倒だから、という理由もありますし、重くて荷物を持ち上げるのにひと苦労だ、という場合もあるでしょう。よく理由を聞きましょう。

□なにを食べたかを覚えていない

認知症を疑うときにもよく言われますが、なにを食べたかを覚えていない、どこへ行ったかを覚えていない、曜日の感覚がなくなってきている、などちょっとした会話のなかに親の異変を感じとるポイントがあります。「昨日の晩ごはんはなにを食べたの?」と聞いて、「ええと……」と一〇秒以上考え込むようならば、体力や気力のほか、記憶力のおとろえが始まっているということです。物覚えが悪くなるのは、あまり他人と会話していないという可能性も疑うべきでしょう。

□着る服に季節感がない

冬なのにやたらと薄着であったり、逆に猛暑なのに何枚も洋服を重ね着している場合は要注意です。これは電話ではなかなか知ることができませんが、見ればおかしいとすぐに気づきます。この行動も認知症を疑う必要があります。早く気がつけば認知症は薬などで進行を遅らせることができる場合もありますので、異変に気がつくことがまず第一です。

□ふとんが敷きっぱなし

昼でも敷きっぱなしになっている万年床の場合は、ふとんの上げ下げが体力的に厳しいのかもしれません。腰やひざが痛くてできないのならベッドの購入を相談してみましょう。でも、元気なうちはふとんの上げ下げは筋トレになりますので、高齢だからベッドにすればいいとは必ずしも言えません。状況を見て判断するようにしましょう。

親の異変に気づくためのいろいろなチェックポイントをあげてみました。ここで大切なのは、ただ親の異変に気づくことだけではありません。その原因がなににあるのかを、しっかりと親と会話するなかで見つけてあげてください。

気力・体力がおとろえているのかもしれません。老化により認知症の兆候が見られるのかもしれません。ひざを痛めて階段の昇り降りが苦痛なのかもしれません。友人やご近所さんと話す機会がなくなってきているのかもしれません。これらの親の問題を解決できるのは、唯一、親子のコミュニケーションです。

どこに問題があるのかがわかれば、どんな対策をしたらよいかが、おのずと見えてきます。

もしかしたら、そろそろ介護が必要となる時期かもしれません。いざというときのために、親子が近くに住まないといけない時期なのかもしれません。

親の異変に気づき、原因を探り、これからどうするかを考える。実家の片づけはこうしたところから、始めていくものです。

4. 捨てられないものの処分方法

片づかないものベスト3――捨てられない不要品の対処法

「いよいよ実家を片づけなくてはいけない」と思ったならば、あとは実家に行き片づけをするだけです。

きっと実家にあるものの多さに直面することでしょう。当たり前のことですが、まずは家のなかのものを処分していかなければなりません。

親世代はどういったものを片づけられないのでしょうか。私のセミナーや通信講座などに寄せられる要望のなかで、特に捨てられないという意見が多いもの「ベスト3」をご紹介しましょう。

【第三位：家電】

家電（家庭用電気製品）は捨てることを躊躇する人も多いようです。テレビ、洗濯機、冷蔵庫、エアコンの四つは「家電リサイクル法」で引き取ってもらうのに料金を支払うことが義務づけられており、また粗大ごみの引き取りも同じく費用がかかるなど、家電の処分にはお金がかかることが多いため、捨てられず先送りにするケースが多いようです。

まず親に聞いて確認してほしいのは、その家電を過去一年間に使ったかどうかです。「使える」ではなく、「使った」かどうかが重要です。今の生活に必要とされていないものは、そもそもいらないと考えるようにします。

「大枚をはたいて買ったから……」と言う親もおり、気持ちはよくわかりますが、家電はどんどん新製品が出てきますし、型落ち品には値段すらつきません。経年劣化したあとで使用するのは、とても危険です。

ほしいと言ってもらえるうちが花。親には無料で引き取ってもらえるのだからと思い直してもらい、ご近所さんや友人にゆずりましょう。

もし製造から五年以内の新しい製品であれば、リサイクルショップやリユース業者に買い取ってもらえる可能性があります。製品名や型番名を確認して、電話で問い合わせてみて、見積もりをとってあげるとよいでしょう。

それ以外はごみとして処分することになります。「家電リサイクル法」で義務づけられている四品目以外は、基本的には住まいのある地域の自治体が定めた処分方法にしたがいます。サイズが大きいものは粗大ごみですが、小さいものは不燃ごみ扱いになるものもありますので、各自治体が掲示するごみ収集の案内を確認してください。

【第二位：家具】

家具も簡単には処分できないことから、あとまわしにされるものの代表格です。

若いころであれば引っ越しのたびに処分の機会があり、いざとなれば不要になった家具を引っ越し業者に引き取ってもらうこともできます。もちろん費用がかかることもありますが、少なくとも処分するかしないかを考えるきっかけがあるのが重要です。

しかし、歳をとると、引っ越す機会は少なくなるもの。持ち家の場合はその機会が訪れることもなく、親が不要だと思っていても、捨てられずにそのまま放置されているケースも多くあります。

家具を処分する、しないの判断はどうしたらよいでしょうか。

まずは収納家具かそうでないかの二つに大きく分けて考えていただきたいと思います。

収納家具でない場合はシンプルです。テーブルや椅子、ベッドやソファなどがそれにあたりますが、要するに使っているかどうか。物置きにほかのものと同じように放置されているようなら、処分するべきです。ほしい人がいればゆずり、引き取り先がないならば粗大ごみとして出します。

しかし、収納家具である本棚やタンス、キャビネットやカラーボックスは要注意です。下手をすると収納家具は無理にでも使えてしまうからです。

「○○○がいっぱいあるから、とりあえずこの棚に入れておこう……」などと、収納家具があるがゆえに捨てるべきものが捨てられなくなります。きれいに収納できたから、ものは捨てないでおこうとならないように、細心の注意を払ってあげましょう。

家具の買い取りはどうでしょうか。じつは家電とは違い、家具は買い取ってもらうことが比較的むずかしいものです。高級家具だからとリサイクルショップや中古家具店に引き取りを依頼しても、値がつかないこともしばしばあります。また、アンティーク家具は骨董品と似たところがあり、その価値がわかる店に引き取りを依頼しなくてはなりません。たとえ高値がつかなくても、引き取ってもらえるだけありがたいと、思い切って処分したほうがいいケースもしばしばです。

【第一位：衣類・小物】

なんといっても相談が多いのは衣類や小物です。衣類には洋服、着物など和服、靴下や肌着など下着やインナーなどもあります。実家の玄関やクローゼットに眠る靴やバッグ、アクセサリーなど小物類の、あまりの量の多さにがくぜんとする人もいるでしょう。

なぜ衣類・小物の処分はむずかしいのでしょうか。実用的なものの使う、使わないの判断よりも、衣類などの着る、着ないといった判断のほうがむずかしいからです。

特に「一生ものだから」と買ったブランド品は、値段が高かったこともあり、捨てられないという親も多いと思います。驚くことに「この服、せっかく買ったのに一度も着てない……」ということが、衣服ならば起こり得ます。

みなさんの親は、テレビショッピングやカタログショッピングなど通販でものを買っていないでしょうか。つい衝動買いをしてしまうのが、衣類や小物です。これ以上増えないように、親に注意をうながすとよいかもしれません。

片づけるために、まず最初にクローゼットや衣装ケースに眠っているすべての衣類や小物を出してみましょう。サイズが合わないもの、シミや汚れがあるもの、今ではとても着られないデザインのものなどがあるかもしれません。親子でファッションショーをするつもりでいっしょに見ていきましょう。そのときには、全身が映る鏡があればなおよいですね。

処分することに納得してもらうのがいちばんです。時間はかかりますが、親子で話をする時間だと思ってチャレンジしてみてください。

娘ならそれができても、息子にはそんなことはできないと思われる方もいらっしゃるでしょう。お気持ちはわかりますが、ファッションショーはできなくても、衣類や小物の片づけを話題にして、この機会にぜひ親子で会話をしてください。父と息子なら趣味の話もできるかもしれません。実家を片づけるときは、親子の会話のチャンスです。

もしかしたら、数年後には親は病床で話をしたくてもできなくなる可能性もあります。また、親の今の状態を正確に知るのも、これからのお互いの生活設計に必要なことではないでしょうか。

衣類や小物の処分において、いちばん大事なポイントをご存じでしょうか。それは「罪悪感を減らす」ことです。そのためにも、燃えるごみとして捨てる前に、まずリユースやリサイクルができないかを考えましょう。

古着を扱うショップやリサイクルショップで買い取ってもらうことができればラッキー。衣類や小物などのファッションアイテムは、トレンド（流行）が重視されるため、時間が経つとなかなか買い取ってもらえないものです。保管状態のよい高級ブランド品でさえ、高値を期待できないことも多くあります。

買い取ってもらえそうもなければ、バザーやフリーマーケットに出すなどするのも手段の一つです。最近では店頭に持ち込む以外にも、宅配で買い取りをしてもらえるところもあるようですので、インターネットなどで探してみるのもよいでしょう。

やはり、型が古い洋服などはなかなかもらい手がいないかもしれません。そんなときには、再資源化の道もあります。自治体によりますが、古着や古布を回収して着られるものは中古衣料としてリユースし、着られないものはウエス（工業用ぞうきん）などの資源として有効活用されます。ごみにならずにすむだけでも、「もったいない世代」の親は罪悪感を持たずにすむのではないでしょうか。

最近では古着を引き取ってくれて買い物に使えるクーポンがもらえるファッション小売店もあるそうですから、お近くで探してみるのも方法の一つかもしれません。

ファッションにはトレンドがつきものです。一度トレンドが去れば、次にそのトレンドがいつやって来るのかは、まったく予想ができないでしょう。一〇年前、二〇年前のテレビ番組の映像や、ファッション雑誌を見てみれば、一目りょう然です。「このころは、こういう服が流行っていたのか」と思われるのではないでしょうか。

衣類や小物はトレンドがあるもの。いさぎよく片づけることをおすすめします。

父親のもので片づけに困ったもの上位3つ

実家を片づけるのに、父親のもので「これは困った」という声をよく聞きます。そこで困ったもの上位（ワースト?）3もあげていきましょう。

【第三位：骨董品】

まずは「骨董品」です。なにやら立派な壺や掛け軸があるのですが、家族の誰にもその価値がわかりません。父親に聞いてもはぐらかされるばかりで、なかなか金額を聞き出せず、価値のわからないままなんとなくとっておく、ということになりやすいのが骨董品です。

なぜ父親は価格をなかなか言わないのでしょうか。それは大枚をはたいたことが家族（特に妻）にばれると、「なんでそんな高価なものを買ったの!」と怒られたり、「バカじゃないかしら」とけなされたりすることがあるからです。子どもであるみなさんがガラクタならば片づけたいと思い、「いくらなの?」とストレートに聞いても、父親はきっと教えてくれないでしょう。死ぬまでないしょにしておきたいのだと思います。

　では、骨董品の価値を知るにはどうしたらいいでしょうか。そんなときはなによりも先に「いい形だね」「すてきな色だね」とほめましょう。続けて、そのものの由来や歴史などを尋ねるのです。きっと父親はよしよしと顔をほころばせながら、うれしそうに語り出すでしょう。

　警戒心が解けたころを見計らって、さりげなく「そんなに古いものならば、一〇万円はしそうだね」とひとこと加えます。もし言葉をにごすようならば、どこの店で購入したのか、あるいはもしものときに誰かにゆずる意思や約束があるのかを聞いておきましょう。あとで処分しなければならなくなったときに、その骨董品の価値を知る人がいれば、とても心強いものです。

　父親がもらいものだと言っていた古いスピーカーが、遺品整理のときに数百万円の値がついたという例もあります。骨董品は他人にはガラクタに見えても、見る人が見れば驚くような価値だった、なんてケースが往々にしてありますので、父親が元気なうちに確認しておくとよいでしょう。

【第二位：趣味の作品】

次は「趣味の作品」です。「あるある」なんて声が聞こえてきそうですね。

会社員時代はがむしゃらに働いてきた父親も、定年後は手持ちぶさた。ならばと、油絵、写真、陶芸、俳句……。趣味のサークルに入り、あるいは書籍やＤＶＤを買ってきて、見よう見まねで趣味の作品をつくり出す、なんてことはよくあります。

この趣味の作品を家族がどう扱えばいいのかも大問題です。間違っても正面切って「こんな作品には価値はないね」とは子どもから言えないもの。骨董品のように「すばらしい作品だね」と言おうものなら、「じゃあ、おまえに全部くれてやる」と言い出しかねません。

まずは「お父さんの作品を気に入ってくれている人はいるの？」など、ほしがっている人がいないかどうかを確認するのがよいでしょう。もちろん、ほめながら言うのが鉄則です。お茶をにごすようならば、元気なうちに「いちばん気に入っている自慢の作品はどれか？」と聞いておくとよいでしょう。万が一のときは、それ以外のものをすべて引き取ることができます。

【第一位：蔵書】

もっとも困るものといえば「蔵書」です。親世代には読書家も多く、「文学全集」や「百科事典」のように分厚い本を何十冊も所蔵していることもあります。研究者でもないのに、趣味で有名作家の「初版本」「絶版本」などの貴重な本を大事にしまっていることも少なくありません。

しかし残念ながら、古書も骨董品と同じように価値のわかる書店でしか相応の値段はつきません。テレビCMをやるような大手の新古書店に持っていっても、ほとんどは買い取ってくれないでしょう。

少しの面倒をいとわないようでしたら、貴重な古書は専門の古書店に引き取ってもらうことをおすすめします。研究者がいる分野でしたら、大学の研究所に寄付することもできるでしょう。私の恩師は生前のうちに、自ら蔵書のほとんどを大学に寄付することを手配していらっしゃいました。なかなか自分でできることではないと思いますので、「知り合いに、蔵書を生前に大学へ寄付した人がいるんだ」と父親に話しかけてみてもよいでしょう。

本に縁のない人が本を選別するのは本当に労力がいることですので、可能ならば父親が元気なうちに、どの本が貴重な本なのかを聞いておくことをおすすめします。

5．片づけたくない親の説得術

「なんでこんなものをとっておくの」はNG

いきなり実家の片づけが始まったら、親も驚くかもしれません。また、場合によっては片づけさせてくれないかもしれません。なぜでしょうか。

子どもからすればガラクタに見えるものも、親からすれば思い出がつまった宝物の山です。ものを捨てたくない親と、「このままではごみ屋敷になってしまう」と危機感を持つ子どもとの戦いです。

捨ててもいいかと一つずつ了解をとり、本人が納得したうえでないとなかなか処分できません。長期戦も覚悟しなければなりません。

じれったいのはよくわかります。しかし今一度考えてみてください。もし子どもが「そんなものは捨てなよ」と言ったら、もしくはあなたのものを勝手に処分したらどう思いますか。自分が同じようなことをされたらどう思うかを考えてみてください。

親への伝え方には、特に注意が必要です。もっともよくある失敗は「なんでこんなものをとっておくの?」「全部捨てればいいのに」とあたまごなしに言ってしまうことです。

人は誰しも、あたまから否定されるのは嫌なもの。まして親子でそのような言い方では、うまくいくわけがありません。つい言葉がきつくなって、親も「私にとっては全部必要なものだ!」と反発してしまい、そのまま平行線をたどるなんてこともあり得ます。

その抵抗を押し切ってまで無理やり片づけるのもまた問題です。高齢になるほどに、日常生活で見慣れたものを失うことの喪失感は大きく、不安を覚えることも多いからです。「うつ」になる深刻なケースもあるぐらいです。たとえ使わないものでも、ただそこにおいておくだけで安心感があるわけです。

子どもからすれば「捨ててスッキリ」かもしれませんが、親にとっては「なくてさびしい」気持ちになるかもしれません。大事なのは「誰が主役なのか」です。その家に住むのは親自身であり、そこにおいて私たちは第三者なのです。あくまで親に「選んでもらう」姿勢が大切です。

親に効く三つのフレーズ

ここからは、実家の片づけを円滑にするために、親とどうコミュニケーションしたらいいか、その方法をお伝えしていきたいと思います。

まずは、片づけたくない親に効く、とっておきのフレーズを三つご紹介しましょう。

1.「どう思う?」……親の選択を尊重する姿勢を見せる
2.「このほうが安全じゃない?」……心配する気持ちを表す
3.「これ、うちでも使っていい?」……〝もったいない〟に共感する

まずは具体的に「これ私は多すぎると思うけど、どう思う?」と問いかけてみるのが有

効です。大切なのは自分で答えを出してもらうこと。ものとの関係性を再確認してもらうことが片づけへの近道です。なぜ、とっているのか、いつ、どこで使うのか。やさしく問いかけてみましょう。本人が納得したうえで片づけることができれば、失敗が少なくなります。

とはいえ、「どれも捨てたくない」とかたくなに拒まれてしまっては、再び平行線です。そのときには「このほうが安全じゃない？」と安全を強調することです。わずか数センチの段差につまずいて転倒するかもしれない。本やダンボール箱など積み上げたものが崩れてきて、けがをするかもしれない。高齢者は栄養素の不足などから骨粗しょう症になりやすく、ちょっとしたことで骨折してしまいます。特に大腿骨や背骨の骨折は寝たきりにつながりやすく、生きる気力を失うことだってあるぐらいです。

「このままだと危ないよ」と注意をうながしつつも、「心配している」という気持ちをきちんと伝えることが大切です。

上手に気持ちを切り替えてもらうという意味では、「安全」を強調するほかにも「快適」や「便利」を伝えるやり方もあります。ただでさえ、物忘れが多くなる年齢ですから、部屋が片づけば探しものが減り「快適」に暮らせます。ストレスがなくなり「便利」だよ、と相手の気持ちに寄り添いながら話すといいでしょう。

最後の「これ、うちでも使っていい?」は、特に戦後のもののない時代に生まれ育った「もったいない世代」に対して強い説得力を持つフレーズです。

「高価な乾物がたくさんあるけど使いきれないよね。うちにほしいな」「すてきなワイングラスだけど食器棚で眠っているね。もったいないからこれ、うちで使っていい?」などと子どもに言われれば、親も悪い気はしません。抵抗することなく「いいよ」と気持ちよく手放してくれます。

本人にとって思い入れのあるものを手放させるには、納得感のある処分方法を提示することが必要です。

まずは食品の片づけを提案する

なにから手をつけていいかわからないときは、食品を片づけることを提案します。なぜでしょうか。実際の事例からご紹介しましょう。

七〇代後半のひとり暮らしの母親を持つYさんは、実家で賞味期限の切れた食品をキッチンの戸棚や冷蔵庫などあちこちで見つけたそうです。ふたの開けていない缶詰やびん詰は「使っていないのに捨てる」という罪の意識もあり、なかなか捨てられないもの。ここで「なぜ」「捨てればいいのに」という言葉は禁物です。捨てないことを責めてもなにも解決はしません。

Yさんは「これ三年前に賞味期限が切れているけど、どうする?」と尋ねて、自分で捨てることを決断してもらいました。「からだを悪くしたら心配だ」という気持ちを伝えることも大切です。Yさんの実家では、これをきっかけに母親とのコミュニケーションがとれるようになり、片づけがすすんだそうです。

このように、食品には賞味期限があるので、客観的にものを言うことができ、親も捨てることを納得してくれやすいものです。どこから手をつけていいかわからない場合、食品から片づけてみるとよいでしょう。

また、すでに申し上げたように、高齢の母親に「ものが多すぎるから始末しよう」と言うと、「死ぬ準備をしよう」「早く死んでほしい」と遠回しに言われているのだと誤解されます。自分の老い先が短いのを認めることにもなり、感情的な反発を生みやすい。

その点、食品は手をつけやすく、心の負担も比較的軽いのでおすすめです。

ただし、賞味期限が切れているにもかかわらず「これはまだ食べられるからとっておく」と言われるようならば要注意です。賞味期限は文字が小さく、インクが薄く、わかりにくいところに表示してあるなど、なかなか気づきにくいものです。白内障や老眼で細かい文字が見えにくくなっている可能性があります。「眼は悪くない？　見えている？」とひとこと聞いてあげましょう。

食品の次に手をつけるのは、贈答品です。

思い出の品や日常生活などでいつも目にしているものはなかなか捨てられませんが、もらいものならば負担が軽くてすみます。使っていない新品の状態で残っていることも多く、「これ、うちでも使っていい？」と気軽に言うことができます。リサイクルに出したり誰かに使ってもらったりするならば、「もったいない世代」も手放しやすくなります。

ただリサイクルやバザーも、親世代はどうすればよいのかがわかりません。パソコンを使えない親世代はリサイクルしたくてもどうすれば、どこに持っていけばよいのかがわからないのです。そこで「うちで使う」とか、リサイクルショップに持っていくと提案して持って帰り、仕分けをしてリサイクルできるものはしてください。ネットオークションに出してみるのもよいかもしれません。そしてどうにもならないものは処分です。

父親にはアプローチを変える

やっかいなのは高齢の父親です。料理なんてほとんどしたことがないうえに、「もったいない」と伝えても反応が鈍い。食品や贈答品の片づけから始めるアプローチは、母親のときはうまくいっても、そのまま父親に同じことをしてうまくいくとはかぎりません。そこでアプローチを変えなくてはなりません。

セールだからとつい買いすぎてムダなものをため込みやすい女性に対して、男性がものを持つのは「コレクション」であることが多く、ものへの愛着があります。コレクションに囲まれていたいという思い入れが強いものです。

それは蔵書や、自分が描いた油絵、レコード、写真、釣り道具などの趣味のものが多く、洋服や日用品などはむしろ少ないでしょう。ほとんどの場合、元気なうちに片づけようという発想はなく、子どもや残った家族がなんとかしてくれるだろうという楽観的な考え方を持つ人が多いようです。

まずは「お父さんの本棚、崩れてきたらこわいね」と安全面の不安を強調して心配する気持ちを見せましょう。さらに「お母さんがつまずくかも」「遊びに来た孫が触って崩れたら危ないね」と、父親にとって大切な人を意識してもらうのも効果的です。「安全面の不安」を強調しても聞く耳を持たないようであれば、いつかコレクションと別れる日のことを意識してもらうしかありません。高齢の親には残酷なことだと思われるかもしれませんが、処分しなければならない日はいつか来ます。

父親にとっては大切なコレクションでも、その趣味がない人にとってはただのガラクタの山です。「これは価値のあるものだから捨てられない」と本人が思っていても、じつは経済的な価値がほとんどないということが往々にしてあるものです。たとえば手に入りにくい貴重な蔵書だと思っていたものが、実際に古書店に引き取ってもらうとゼロ円だった、なんてことはよくある話です。残された家族が始末に困ることをきちんと伝え、具体的にイメージしてもらうことが大切です。

では、それが背広やネクタイ、ゴルフ用品などバリバリ働いていた現役時代を象徴するようなものだったらどうでしょう。あるお宅では、父親がゴルフのコンペで入賞した記念にもらったトロフィーがどうしても捨てられなかったといいます。もちろん、純金製というわけでもないので、金銭的な価値はありません。価値があるわけではないけれど、なくなるとさびしいと父親は感じてしまいます。「ゴルフはもうしないんじゃない、どう思う？」と聞いても、さすがに思い入れのある品々だけに、表情をくもらせるのではないでしょうか。

「捨てるべきだろうか」と悩むなかで、ものと自分の関係性を再確認し、働いていた現役時代を「過去」のことだと認めることにつながる。高齢の父親にとってとてもつらいことです。

とすれば、「捨てられない」という心理の先にあるのは、心の空洞かもしれません。

小学校の元校長先生だった八〇代の男性は、数年前に妻に先立たれてひとり暮らしですが、毎日、とても忙しそうに過ごしていらっしゃいます。娘は結婚して近くに住んでいますが、息子は仕事の関係で遠くに住んでいます。孫はお二人いらっしゃるそうです。

なぜ忙しいかというと、この男性は若いころから囲碁を打っており、なじみの囲碁教室に頼まれて週に何回かは子どもたちに囲碁を教えています。また、週に一回、カラオケ教室に通っていて、好きな歌を歌い、得意のハーモニカを吹きます。さらに趣味で数百匹の鈴虫を飼育しており、近所の子どもに配るそうです。そして、たまにむかしの同僚や教え子と食事に行っておしゃべりします。これが十数年続いているそうです。ちなみにご近所でのあだ名は「鈴虫おじさん」です。

この方のように、毎日を忙しく過ごされている方ほど、ものに執着はしなくなるものです。きっと片づけに困ることはないでしょう。

いちばんの方法は、父親になにか新しい「働き場所」を見つけてもらうことです。たとえば地域のコミュニティは常に働き手を必要としており、本人にやりがいが生まれます。町内会の仕事、公的機関や民間組織のボランティアなど、父親が興味を持ちそうな場所をいっしょに探してみてはいかがでしょうか。

そうして、新しいつながりや役割を手に入れることで、あらためて背広やネクタイといった「会社員として働いていた過去」をきれいに捨てることができるのです。

老後について親と話しておくべきテーマ

「このままではまずい」と思っている親には、「先々、別のところに移り住むかもしれないから、それに備えてものを減らそう」とストレートに話を切り出せばよいでしょう。ものは案外と簡単に片づくかもしれません。

ではそのあとはなにをすればいいでしょうか。

高齢の親の家を片づけることをきっかけにして見えてくるのは、その先にある親子関係であり、どのような暮らしを送ってほしいのかをいっしょに考えるという親孝行です。

あなたの親はどのように暮らしたいと考えているでしょうか。できれば住み慣れた家でずっと暮らしたい。階段の昇り降りがつらくなってきたから一階に住みたい。ひとり暮らしは心配だから高齢者住宅に移り住みたい。いろいろな希望があると思います。ものの整理をきっかけに、暮らし方をいっしょに話し合うことができます。

「老後」にまつわるテーマには、次のようなものがあります。チェックリストとして参考にしてください。

□親の老後の住まい方（空き家の管理）

親が出たあとの家をどうするのか。相続だけではなく、不在の家を誰が管理するのかという問題もあります。庭がある家は、草木が伸び放題のままで放置することはできません。ご近所から「防犯上、草木が伸び放題だと困る」というクレームを受けることがあります。手入れを業者に依頼するにしても、一回あたり数万円はかかります。先に親に話しておくほうが賢明です。親が亡くなったらという最悪の事態でなくても、ひとり暮らしの親が一か月入院したら家の管理はどうすればいいのでしょう。考えたことがありますか。

親はマンションに住んでいるから大丈夫、ということはありません。長年住み続けたマンションですので、老朽化していることも多々あります。分譲マンションが空き部屋になったとしても、借り手がすぐに見つかるわけではありません。また、マンション組合から建て替えやリフォームの相談があるかもしれません。そのまま放置しておけるわけではありませんので要注意です。

□故郷のお墓の管理

先祖の墓をどう管理するのかも親に聞きましょう。もしものときに頼める親せきは近くに住んでいるのでしょうか。場所によっては、親が管理するのがむずかしいこともあり得るからです。

先日も私の通信講座の受講者で、地方に住むある人から「長男が街に出て会社勤めをしているので、先祖代々にわたって守ってきたお墓をどうしていいかわからない」というご相談を受けました。どうやら息子さんには言えなくて悩まれているようです。子どもに負担はかけたくない、となかなか言えないものです。一度、話を聞いてみてはいかがでしょうか。

墓の近くに家族や親せきが誰も住んでいない場合は、遺骨を移して〝墓じまい〟するという選択肢もあります。気がかりなことは先に解決しておくべきです。

墓ではありませんが、仏壇や神棚、仏具や護符などの扱いに悩むことも多くあります。神仏にかかわるものは慎重にならざるを得ません。

もし先祖代々の墓や位牌をおいているお寺があるようならば、話を持ちかけてみるとよいでしょう。なかには仏壇供養を行うお寺もあります。また、神社でのおたき上げをしたほうがいい場合など、宗派による違いなどもありますので、まずは相談してください。

□保険や株式などの財産管理（相続）

保険に加入しているのか、株を持っているのか、口座はどこの銀行なのか。把握している子どもは意外と少ないものです。遺産についてはどう考えているのでしょうか。値段のつく骨董品の扱いはどうなるのでしょうか。あまりに高齢になってしまったあとでは、体力も気力もなく、判断力が鈍ります。事前に聞いておくべきです。

□持病・クスリの種類とかかりつけの医師

持病はないでしょうか。どんなクスリを飲んでいるでしょうか。物忘れをするようになったときに、なんのクスリをなんのために飲んでいるのかがわからなくなるケースもあります。また、大きな病気になったときはどうすればいいでしょうか。カルテを保管しているかかりつけの医師はいるのでしょうか。もしものときに、告知はしてほしいのか、延命措置はどうすればいいのかなど、親が病気で意識を失っているときには子どもがすべてを判断しなければなりません。延命措置の判断は大変に重いものです。事前に聞いておくとよいでしょう。

□葬式のあげ方

また、葬儀をどうしたいかという希望を聞いておくことも重要です。家族とごく近しい親せきや友人のみで小規模に行う密葬を希望する場合もあります。あるいは葬式ぐらい金の霊きゅう車を呼んで派手にやりたいという人もいるでしょう。いずれにせよ、あとから「親が望む葬式をあげられただろうか」と悔やんでも遅いものです。

最近ではエンディングノートにどのような葬式をあげたいかを書く人もいるようですが、実際にはごく少数でしょう。書くのが苦手な人もいます。気恥ずかしいようならば、宴会の席で冗談を交えながら勢いで聞くのもよいでしょう。なんらかの希望があるかどうかに気づいておくだけでも十分です。

ここまであげたテーマはすべて、親が元気なうちだからこそ話せるものです。本当に病気になってしまってからでは、すべての話題が深刻さを増すだけです。実家の片づけをきっかけにして、話せることから話しておくことが大切です。

注意点としては、兄弟姉妹や親せきの間で、親の老後について共通の認識を持っておくことがあげられます。「聞いてなかった」というのが大きなトラブルの原因になります。きちんとまわりを巻き込みながら、話を進めていくことが大切です。

問題意識のない親に効く話の切り出し方

片づけることにまったく問題意識を感じていない親に、手を焼く方もいらっしゃるかもしれません。そんなときには、うまく話を切り出すコツがあります。第三者の話題から話を始めることです。

「同僚のお父さんが突然亡くなって、親族が遺産でもめているらしいよ」
「病気をどう告知するかの問題で、友人が兄弟げんかをしているんだ」

といった世間話をきっかけにして、

「お父さんはどう思う?」

「お母さんならどうする?」

と聞くなど、自然に話をもっていくのです。

繰り返しになりますが、このときに絶対に責めてはいけません。「なぜ片づけないんだ」「どうしてこんなものをとっておくのか」と責めると、必ず「あなたに迷惑かけてないでしょ!」「オレの家だ。勝手だろ!」とかたくなな態度を親はとるでしょう。子どものころに「勉強しなさい」と親に言われれば言われるほど、勉強をしたくなくなったことでしょう。それと同じです。「いい大人なのにまさか……」と思われるかもしれませんが、老いるほど反応が子どもに近づくものです。指摘されるほどに腹を立てます。

「どう思う?」「このほうが安全じゃない?」「これ、うちでも使っていい?」など、コミュニケーションを円滑にするフレーズをおりまぜながら会話をしましょう。世間話をしながら「お父さんはどう思う?」「お母さんならどうする?」と話を切り出すと、スムーズにいきます。

なお、こうしたときに親と深く話をするには、普段から親子でコミュニケーションをとっておくことが大切です。こまめに電話やメールで連絡をとりながら、体調や変わったことがないかを確認します。もしものときのために、持病やクスリの種類、かかりつけ医の名前などを聞いておくことも忘れずに。

「きのうはなにを食べた?」「きょうはどこへ行ったの? 疲れなかった?」といったなにげない問いかけも、親にとってはうれしいものです。お正月やお盆などたとえ年に数回しか会わないとしても、こうしたやりとりを重ねておくと、いろいろなことを話せる雰囲気ができてきます。親の家を整理したあともこまめに電話やメールで連絡するなど、親とのコミュニケーションをとりましょう。高齢になればなるほど会話は少なくなるものです。なにげないおしゃべりが、じつはいちばんうれしいことであったりするものです。

振り込め詐欺もさびしい高齢者の心のスキをねらっているのです。大切なのは会話の時間を増やすことです。実家の片づけを機会に、親子での会話をきちんとしておきましょう。

6. 住まいの選択肢を考える

田舎の家を残されてもじつは迷惑

実家の片づけにおいて、いちばん大きなテーマは「住まいそのものをどう片づけるか」です。親の老後の住まいをどうするかは、誰にとっても悩みの多いもの。老後に備えて数億円もする高齢者向け住宅を購入した、なんて有名人の方が話題になりましたね。親が高齢になり老いが著しくなってから、あわてて介護制度を調べ始める人も多いようです。

特に親が高齢に差しかかる五〇代、六〇代の方々にとって、実家をどうするかは大きなテーマです。むかしながらに「長男は家を継ぐべきだ」と言っても、大都市圏で働く子どもたちにとって実家のある田舎は遠く、仕事を考えるとどうやっても継ぐことはできないということもあるでしょう。

「いざとなれば家を売ればいいや」と思っている人は要注意。実家の処分は特にトラブルの多い案件です。なぜ実家の処分にトラブルが多いのでしょうか。まず、資産として考えたときの問題点を明らかにしましょう。

資産には大切な視点があります。それは「分割できるかどうか（分割可能性）」「すぐに売れるかどうか（流動性）」の二つです。

資産を「分割できる」とはどういう意味でしょうか。たとえば、土地という資産は分割して売ることも、ある程度はできます。しかし、お金が必要だからと一坪だけ売ることはほとんどの場合できません。一方で、現金ならば一〇〇万円を五〇万円ずつに分割することはできます。つまり、それが実家だった場合、「この部屋はあなたのもので、リビングは私のもの」というように分割することはできませんね。

「でも名義を共有にすればいいじゃないか」という意見もあるかもしれません。そのとき問題になるのは、家族や親せきのなかで「どうせ住まないのだから名義を持っていても意味がない」「現金がほしい」という人が出てくるケースです。

この場合、「すぐに売れるかどうか」がとても重要です。実家を兄弟で分割相続したものの、売買契約にはもちろん名義人全員の同意が必要ですし、そう簡単に買い手がつくわけでもありません。田舎であればなおさらです。早く売りたいというのを見透かされて、不動産業者に足元を見られたというケースも多いようです。もし、株券などであれば毎日のように市場で売り買いされているものですので、すぐに現金化できます。つまり、実家という資産はとても流動性の低いものだということです。

ご存じのようにこれから日本は人口減少が続きます。住宅数は増えている一方、空き家率は上昇傾向にあり、五〇年前には二・五％しかなかったものが、二〇一三年には一三・五％にまで上昇しています。およそ七戸に一戸は空き家という計算です（総務省統計局「平成25年住宅・土地統計調査」参照）。賃貸物件として貸すという選択肢も考えられず、さらに大都市圏の一部をのぞき、家が簡単に売れるということはますますなくなっていくと予想されるでしょう。

また、空き家の管理もあなどってはいけません。長く放置すれば倒壊の危険、防犯性の低下、景観の悪化など、自分たちだけの範囲で収まる問題ではなくなります。固定資産税も忘れてはいけません。

親が今住んでいる家はどうでしょうか。一〇年後、二〇年後はどうなっていますか？

子どものためと思って残していた家が迷惑になる。そんなことを親は想像もしないでしょう。「家を残されても迷惑だ」なんて、間違っても親の前で言えませんね。今後の日本においては、そうした事態もあり得るのです。

理想的な親の住まいとは？

先日、長く長崎に住まわれている人とお話をしていました。ご存じの方もいらっしゃるかもしれませんが、長崎の町は平地の市街地を取り囲むように山が連なり、山あり海ありの風光明媚な町ではありますが、とにかく坂道が多いところです。

おっしゃるには「歳を重ねるにつれて、坂が多くて大変だ」というのです。買い物はもちろん、年金を受け取りに郵便局へ行くにも、坂を上り下りしなければなりません。急な坂も多く自転車は危険だそうです。両手に買い物袋を持ち、坂を歩く姿を想像したらどうでしょうか。さらに車いすになったときには、誰が車いすを押してくれるのでしょうか。地震や火事など災害のときは、どう避難したらいいでしょうか。その方は「とても心配だ」と言います。

今、みなさんの親が住んでいる家はどうでしょうか。賃貸なのか持ち家なのか、すでに親との二世帯住宅の人もいるかもしれません。二階の空き部屋が物置きになっているお宅もあるかもしれませんね。

先ほど老後のチェックリストをあげましたが、そのなかにある「親の老後の住まい方」をどうするかです。自分の父親、母親がこれからどう暮らすかを想像してみましょう。住まいをどう片づけるかは親にとっても大きな選択です。

親は長年住み慣れた家で暮らし続けたいと考えるかもしれません。近所には顔なじみも多いし、生活の面でも勝手がわかっていて不便がない。でも、年々足腰は弱るもの。長崎の坂の例のように、今の家に住み続けるのがマイナスになることもあります。年老いたらどうなるのか、想像力、イマジネーションが必要です。

まず、「住みよい家の条件」は今とこれからでは変わることを知りましょう。

今、親が住まわれている家は、二〇年後、三〇年後も住んでいて不便のない家でしょうか。足元を見直し、そのうえで考えるならば、〝住み替え〟という選択肢もあります。

大きなポイントが二つあるのでご紹介しましょう。

第一には「家族との距離」です。自分の親、または子どもとの距離がどうなるかはとても重要な要素となります。老いれば自分の身の回りのことが十分にできなくなるもの。たとえば、高齢だとごみを処分したいと思っても、今の分別の方法がわからなかったり、普通のごみでは出せないもの、大きなもの、重いものをどうすればよいのかわからないことがあります。もちろん、パソコンを使う世代ではありませんから、回覧板や市の広報など情報もかぎられています。ごみを出す日を間違ってご近所の人に嫌味を言われたから、もう二度と出さないとか、ささいなことで今までできたことができなくなり、途方に暮れながら月日ばかりが経っていくという場合もあるのです。若い人にとってはなんでもないことが、高齢になるととてもやっかいになってしまうのです。

こうしたときに、近所に住んでいれば助けることもできますし、逆に自分が年老いたときに助けてもらうことができます。

物理的な距離だけではなく、心の距離も気になるところです。なかには「子どもの世話になりたくない」「迷惑はかけたくない」と考える人もいます。子どもとしても「もっと交通の便のいい、駅に近いコンパクトなマンションに引っ越せばいいのに」と考えるかもしれません。その場合は、高齢者向けの施設や住宅を検討する選択肢も出てくるでしょう。

最近では老人ホームの種類も増えました。介護がつくもの、食事など生活の支援をしてくれるもの、趣味のアクティビティが充実しているもの、一般向け住宅であるもののシニア向けに特化している分譲マンションなど、なにを優先するかにより選択することができます。

二番目は「タイミング」です。何回も申し上げるようですが、住み替えは早いに越したことはありません。やはり歳をとればとるほど親もおっくうになりますし、新しい環境への適応力も落ちてしまいます。

子どもに迷惑をかけたくないからと相談もせずにコンパクトなマンションに引っ越したものの、まわりに知り合いがいなくて、孤独感を強めたという例もあります。買い物に便利な場所だからと引っ越したものの、まわりに映画館や美術館などがなく、友だちと出かける機会がなくなり、高齢のうつ病を発症するケースもあります。

環境に適応する能力は個人差が大きく、その人の性格やこれまでの生き方によって培われた価値観によって違うものです。ですので、もちろん七〇代だからといって適応できないわけではないでしょう。ただ、慣れというものは歳を重ねると修正がしづらいものです。

長年ガスコンロを使ってきたけど、安全を考えてオール電化にしたところ、まったく使い方に慣れず「料理するのがおっくうになった」と言う女性もいます。誰にとっても便利に見えるものは、自分にとっても便利かというと、必ずしもそうではありません。

せめて親が六〇代のうちに住まい方を決めるべきだ、というのが私の実感です。

ときには「住まいを減らす」選択肢もある

住み替えだけが選択肢ではありません。みなさんが親の近くに住んでおり、親自身も地域のコミュニティに参加してそれが機能しているのならば、住み慣れた今の実家を親の「終《つい》の住処《すみか》」にしてもよいでしょう。

この場合、実家を「減築する」という方法をおすすめします。階段の昇り降りがつらくなることを見越して、思い切って二階を取り払い、平屋にするなどです。掃除も楽になり、戸締まりやメンテナンスの手間も減ります。部屋が少なくなれば、物置きとなった部屋のなかにあるものを片づけなければならず、整理することが必要要件になります。親にとっても、荷物を減らすためのいい機会になるのではないでしょうか。夫婦ふたりで暮らしているならば平屋でも十分です。

この場合、親自身に「老い」のイメージがあるかどうかがいちばん重要なことです。つまり、将来必ず訪れる老いを認められるかどうか。「私たちはまだまだ大丈夫よ」と親が言っているうちは、なかなか話が進まないかもしれません。どんな暮らしを親がしたいのか。いろいろなライフスタイルを紹介してあげてください。

たとえば、「ミニマル（Minimal）」という言葉をご存じでしょうか。英語で「最小限の」という意味です。もともとは「ミニマルアート」など、あらゆる装飾を取り払い「最小限」で表現する意味で使われることが多かった言葉ですが、最近ではミニマルなライフスタイルがかっこいいというような文脈で使われることも多くなりました。ものが簡単に手に入る時代、必要なものだけ、最小限にとどめることが「美しい」と思われるようになってきているのです。まさに「Less is more（より少ないことは、より豊かなこと）」ですね。

「もったいない世代」の親とはいえ、終わりが近づくにつれて、暮らしがシンプルであることに憧れを抱くようになるものです。減らすことをネガティブに思っていないかもしれません。シンプルに暮らせば暮らすほど、ものを探す手間や時間も減ります。親にとっては大きなメリットなのではないでしょうか。片づいた状態をキープすれば、掃除などからだに負担がかかることも少なくなり、あれこれと悩むこともなくなります。

こうした人生最後の住まいをどうするか、住まいをどう片づけるかの話も、やはり第三者の話題から始めましょう。

「○○○さんのお宅は引っ越したらしいよ」

「近所の○○○さん、高齢者住宅に住み替えるみたいね」

といった世間話をきっかけにして、

「お父さんはどう思う?」

「お母さんならどうする?」

と話しかけます。あくまで決定権は親にあることを忘れないようにしてください。自分を大切にするための暮らしを、ぜひ考えてあげてください。

住環境を見直すときに大切な視点

もし住宅のリフォームを考えるならば、早いに越したことはありません。

あるとき、キッチンのリフォームをなさった女性から、使い勝手がよくないので困っているという相談を受けました。

よくよく話を聞くと、キッチンの流し台、調理台、コンロの位置が、リフォーム前と異なることが、使い勝手が悪くなった原因だということがわかりました。

料理をされる方ならすぐにおわかりになるかと思いますが、調理台が流し台の右側にあるのと左側にあるとのでは、料理をするときの動作がまったく逆になります。相談を受けた方はそれまで三〇年以上も同じキッチンで料理をされていたため、位置が変わるととても使いづらいと感じたのです。

料理は自然な動作で身についているものです。たとえば、自動車の免許をとりたてのころの運転と、三〇年も乗り続けたあとの運転を想像してください。免許をとりたてのころは「ここでアクセルを踏んで、ウィンカーを出して……」とあたまで考えながら動作していたものが、いつの間にか無意識に運転ができてしまっているのではないでしょうか。

無意識に動作ができている人が、たとえばアクセルとブレーキが逆の車に乗ったとしたら、すごく乗りづらいでしょうし、危険ですよね。同じように、キッチンの配置一つ変わるだけで、使い勝手はとたんに悪くなるのです。

歳を重ねるほどに、新しい環境に適応する力はおとろえます。これはあらゆる人が体験されていることです。ですので、もし実家の片づけにともなって、親の住環境を整えてあげるのならば、早くしてあげることが大切です。

また、住環境を整えるためには、今の親の暮らしを知ることが必要です。

二階に上がるのがつらくなっているようなら、二階にあるタンスなど日常で使うものを一階に移してあげたほうがいいのかもしれません。また、寝室はトイレの近くに移してあげてもいいでしょう。

なによりも、まず親の行動をじっくり見てください。以前より歩幅が狭くなり、すり足のようになっていたら、ひざがうまく上がっていないので転倒の危険があります。このような場合、廊下や風呂場に手すりをつければ歩行が安定するかもしれません。トイレの電球が替えられないのは、腕が上がらないからかもしれません。

生活のなかで親が行う動作を注意して見てから、どうすれば暮らしやすいかを親といっしょに考えてください。むかしは問題のなかった家も、老いた親には問題が山積みかもしれません。あらためて親の住環境を見直してみましょう。

7．親の介護に備える

老いれば「二階」はまったく使われなくなる

住まいを考えるときに、切り離して考えることができないのが介護です。あるご夫婦の例をご紹介しましょう。

松本さん（仮名）ご夫婦は現在、夫の実さんが九〇代、妻の琴江さんが八〇代です。ふたりとも元公務員で、子どもがいません。

ふたりとも長年、病気知らず。とても元気に暮らしていました。

琴江さんは七〇を超えてから徐々に腰が曲がり、八〇の声を聞くころにはからだを二つに折って歩くようになりました。

琴江さんのすごいところは、からだにおとろえを感じても、シルバーカーと呼ばれるキャリーを使わなかったところです。キャリーなら荷物を入れて押すだけなので楽なはずなのに、腰の曲がったからだで両手に食料品の入ったスーパーの重いビニール袋をさげて歩くのです。近所の誰かが「お持ちしましょうか」と声をかけても、「いいえ、大丈夫です。それより、私は歩くのが遅いですから、お先にどうぞ」と言う人でした。

そのうちに、見かねた夫の実さんがいっしょに買い物に行き、袋をさげて帰るようになりました。とても仲の良いご夫婦ですね。

あるとき、松本さんご夫婦の家にリフォームの工事が入りました。トイレを和式から洋式にし、廊下やバスルームに手すりをつけたのです。いわゆるバリアフリー化です。

ところが、介護保険の住宅改修費は使わず、すべて自費でした。これまで病気もせず元気に暮らしていたため、そもそも介護保険自体の手続きもしていなかったのです。

ご存じない方がいらっしゃるかもしれませんが、介護保険は申し込みの手続きをしないと利用できません。もちろん、自分でできない場合は、家族や介護事業所に申請を手伝ってもらう場合もありますが、基本的にはきちんと手続きをしなければサービスを受けることはできないのです。

なにより、松本さんご夫婦は介護サービスを受ける気がそもそもなく、そういった制度があること自体も知りませんでした。

家は二階建てですが、リフォームが終わるころには二階はまったく使われなくなり、自慢の日あたりのよい窓が開くこともなくなりました。高齢になり、階段の昇り降りもつらくなってきたのです。

やがて、夫は九〇代、妻は八〇代に突入します。

あるとき、琴江さんが病気で入院してしまいました。ひとりで暮らさなくてはならなくなった実さんは、足を引きずりながらもひとりで買い物に行くようになりました。子どもがいないため、手伝ってくれる家族がいないのです。

琴江さんは親しい近所の主婦とのおしゃべりが好きで、元気なころは家のまわりの落ち葉の掃除をしながら、立ち話を楽しむ人でした。一方、実さんはいわゆる「むかしの男」で、あいさつはするけれど余計なおしゃべりは一切せず、近寄りがたい感じの人です。

いよいよ九〇歳を超えた実さんは買い物に行くのにも、歩くたびにひょこひょことからだが左右に揺れて危なっかしく、杖を持てばいいのにと近所の人たちは思っていましたが、それを本人に言う人は誰もいませんでした。というより言えなかったのです。

ひとり住まいにしてはものが多すぎたのか、実さんは便利屋にものの引き取りを依頼しました。やがてやって来た屈強な男性二人が、古い家具や不要な日用品をトラックいっぱいに積み運んでいきました。

このころまでは、実さんもなんとか人に頼らずに暮らそうとしているようで、琴江さんのお見舞いには往復でタクシーを利用していました。

しかし、高齢のお年寄りが誰にも頼らずひとりで日々を暮らすのは本当にむずかしいことです。

料理ができない実さんは、毎日のようにスーパーで弁当や惣菜を買ってきて食べていましたが、長くは続きません。数か月後に、琴江さんと親しかったお隣の太田さん（仮名）夫妻がそんな実さんを見かねて、家に出入りするようになります。太田さんの妻の道子さんが煮物をおすそ分けするなど、実さんをサポートするようになりました。

そうこうしているうちに、今度は実さんの体調も悪化してしまいます。琴江さんと同様に入院することになってしまいました。

さて、ふたりが入院している間、子どもがいないふたりの家は誰が管理してくれるのでしょうか。これもまたお隣の太田さん夫妻が助けてくれます。留守の家に風を通し、庭の植木の水やりなど、不在の間の管理を厚意でしてくれました。それもこれも琴江さんがご近所付き合いをしていてくれたおかげですね。

その後、松本さん夫妻はどうなったのでしょうか。やがて、実さんは退院します。そして、病院ですすめられて、ようやく介護保険を使い、ホームヘルパー（訪問介護員）が食事の支度や家事をしに、朝晩来てくれるようになりました。実さんは今もひとり暮らしを続けておられます。

介護保険が役に立つこと

「誰の世話になることなく、ふたりで暮らしていきたい」と考えていた松本さん夫妻ですが、介護保険制度の存在をほとんど知りませんでした。事前に知っていれば、もっとできることがあったのかもしれません。子どもがいなかったため、アドバイスしてくれる人がいませんでした。

みなさんの親は介護保険制度のことをどれほど知っているでしょうか。インターネットで検索して調べればすぐにわかるようなことがわからない、というのが親の世代。知っておかなければいけないのはみなさんです。

介護保険制度については、私も『老いた親とは離れなさい』（朝日新聞出版、二〇一四年）に書きましたので、本書では概要だけをざっとお伝えしておきたいと思います。

まず、介護保険で受けられるサービスは大きく分けて二つ。自宅で生活しながら利用できるサービスと、介護施設に入居して受けるサービスです。

先ほどの松本夫妻は、自宅のバリアフリー化のための住宅改修費に介護保険が適用されることをご存じありませんでした。

自宅にいながら受けられるサービスは多様です。たとえば自宅を訪問してくれるものには、訪問介護や、訪問してお風呂に入れてくれるものなどがあります。

また、自宅に迎えが来て施設へ通うデイサービス（通所介護）などもあります。デイサービスではヘルパーさんとの会話だけではなく、高齢者同士の交流もあり、自宅にひきこもりがちの高齢者が感じるさびしさを軽減してくれます。もちろん食事や入浴などの日常生活も支援してくれます。

そのほかに、介護用ベッドなど福祉用具の購入やレンタルを支援してくれるサービスもあります。

また入居する場合の施設も、医療サービスまで行ってくれる施設から、簡易な生活支援のみの施設まで種類はたくさんあります。よく調べてから、親にアドバイスをしてあげるとよいでしょう。

大事なのは、手続きをしないとサービスを受けられない点です。要介護認定、要支援認定を受けなければなりません。

要介護状態は、食事や入浴などの日常生活に常に介護が必要とされる状態です。また要支援状態は、介護が必要にならないように特に支援が必要と考えられる状態や、日常生活を送るのに困難があると見込まれる状態です。

もし必要になるようならば、まずは親の住む自治体に相談してください。手続き方法などを案内してくれます。

要介護になる前にできること

とはいえ、要介護になる前にできることはないのでしょうか。もし親と離れて暮らしているならば、遠距離介護とならないかという漠然とした不安もあるでしょう。仕事があるので介護のために実家へ帰る時間がないという問題のほか、交通費などのお金の問題もあります。あたまの痛いことばかりです。

そんなとき、まずは事前にできることを考えてみてはいかがでしょうか。バリアフリー化など住環境の整備についてはのちほど述べますが、見逃しがちなのは親のサポートをしてくれる人たちです。これは要介護状態になったときの介護ヘルパーだけではなく、親の近所の人や友人、町内会の人などです。

そういった人たちは「今週はごみを出していないけれど、風邪をひいて寝込んでいるのではないか」など、普段と違った様子に気づいてくれます。元気で暮らしているかどうかを見守ってくれる人がいることが大切です。

今できることもあります。親が元気なうちに話をして、親しい人、ご近所の人のことを聞き、帰省したら手土産でもさげて「いつもお世話になっています」とあいさつに行く。これが大事です。

「うちの親も歳をとりましたので、ときどき様子を見てもらえませんか。もしなにか異変があれば、お手数ですが知らせてほしいのです」と、自分の携帯電話番号を教えておくのです。

こうすることで「お宅のおばあちゃん、ここ数日風邪をひいて寝込んでいるみたいよ」とか「新聞が取り込まれていないわよ」などと知らせてもらえるのです。それにより、病状を悪化させることを防げるかもしれません。

親と離れて遠方に住んでいるときに、「何度電話しても出ないので見に行ってもらえませんか」と頼める人がいるのは、どれほど心強いことでしょう。介護の前にできることはあるのです。

なお、先ほど、親に聞いておくとよいことをリストにあげましたが、親の持病やクスリやかかりつけの医師がいるかなども貴重な情報になります。また入院したときには入院保障のついた保険をかけているかどうかなどを、知っているのと知らないのとでは大きな違いがあります。必ず聞いておきましょう。

要介護になる前に、親といろいろな話をしておくことです。病気で入院をしてからでは聞けないこともあります。実家の片づけを通して、親とたくさん会話をしておくことがなによりも大切です。

予防としてのバリアフリー化

ものが多いとつまずいて転倒したときに一大事になる、という話はすでにしたとおりですが、片づけをするだけではなく、お年寄りがつまずかないように段差解消や階段に手すりをつけるなど、実家をバリアフリー化するという選択肢があります。二〇〇〇年に介護保険制度が施行されたこともあり、ずいぶんと普及も進んでいます。

ものを片づけてから手すりをつけたり、敷居などの段差を解消しておくのは転倒などの予防で親の暮らしの安全性を高めることになります。親にはできるだけ元気で長生きしてもらいたい。ならば、できる手は打っておくことです。

もし親が転んで骨折したらどうなるでしょうか。最初は病院へ入院するので困りませんが、元気になって退院するときには、車いすが必要となるかもしれません。あるいは、自宅の段差で車いすが使えないと退院できないケースもあります。バリアフリー化は予防策としても効果的です。

バリアフリー化を考えるにあたっては、いくつかの視点があります。

まず、部屋の位置は今のままでよいでしょうか。トイレと寝室は近いでしょうか。階段の昇り降りに不自由をしているようならば、日常生活で必要なものはすべて一階に移すという選択肢もあります。

また、転倒防止のために段差を極力なくしていくことも必要です。玄関や部屋の出入口、廊下に段差はないでしょうか。家のなかの段差をチェックして危険かどうかを判断しましょう。同じように、手すりをつけるのも手段の一つです。浴室や階段、玄関など必要となりそうな場所を検討します。

もし、車いすが必要になる状況を考えるならば、通路の幅をある程度広く保たなければなりません。また、トイレの広さも、それに合わせた規定のサイズがあります。

どういった状況を想定するのかは、人それぞれです。親と話し合いながら、もしものときに不便のない住まいを考えていきましょう。

8. まとめ

ここまでは実家の片づけについて解説をしてきました。ものの片づけから親とのコミュニケーション術、住まいのあり方や介護の準備など、テーマはさまざまですね。

特に介護については、私にも思い入れがあります。というのも、そもそも私が「老前整理」という考えを思いたったのは、インテリアコーディネーターという立場からバリアフリーを考え、また、ケアマネージャーの資格をとり、たくさんのお年寄りの家を訪れるようになったことがきっかけです。

在宅介護の現場を見ると、気づくことがたくさんありました。多くのお宅で、あまりにものが多すぎるため、せっかくバリアフリー化していても、階段にものが積み上がり、せっかく取りつけた手すりが使えない。また、廊下や通路にあふれるもので車いすが通れないのです。第三者からすれば、ガラクタかごみ同然のものがあふれ、足の踏み場もない家で日々暮らしている人がじつにたくさんいらっしゃいます。

介護ヘルパーさんが片づければいいじゃないか、と思われるかもしれませんが、そう簡単にもいきません。介護保険では日常の掃除の手助けはできても、膨大な不用品の片づけはできません。つまり本人か家族がするしかないのです。

また別の問題になりますが、「転倒してしまうと危ないから」とヘルパーさんが善意でものを片づけようとすれば、「勝手にものを動かさないで」とお年寄りに言われてしまうからです。そこに住んでいらっしゃるお年寄りにとってみれば、階段に箱が積み上がっている空間も住み慣れた環境というわけです。他人がなかなか手を出せない領域です。

このように、介護保険やバリアフリー化では解決できない、専門家のいない領域がある。私が老前整理の活動を始めた理由はここにあります。

親の実家をどう片づけるか、いろいろと考えることで、あらためて自分の老後も心配になってきたのではないでしょうか。

第二章は、自分のための片づけです。みなさんの老後のため、いよいよ次は私が蓄積してきた「老前整理」のノウハウと経験をお伝えしましょう。

第二章 老前整理のセオリー

——身の回りを整理する

1. 老前整理の理由

四〇歳を超えると「もの」は増える

ここまで、第一章では「実家の片づけ」をテーマに、どう片づけたらよいのかを解説してきました。あたまのなかで必要性を理解するだけではなく、からだを動かして、ぜひ実家の片づけにチャレンジしてみてください。実際に片づけてみれば、その苦労は身を持って実感できるはずです。その大変さに「明日は我が身」と思われた方も、きっと多いのではないでしょうか。

第二章では、おひとりさまの老後のために、夫婦の健やかなシニアライフのために、子どものいる方はなるべく子どもたちに負担をかけないために、いよいよ「老前整理」の実践方法をお伝えしたいと思います。
老後ではなく「老前」に「整理」するべきだ、というコンセプトは手前味噌ながら本がベストセラーになったこともあり、とてもたくさんの人にその大切さを理解していただけました。しかしながら、言葉だけがひとり歩きをして「定年前に家を片づけるのがいい。当たり前の話だな」と思われる方も多いようです。どうやら老前整理の正しい意味が伝わっていないようです。そこで、あらためて老前整理について考えていきましょう。
まず、四〇代、五〇代と年齢を重ねた人たちに共通することがあります。ご紹介しましょう。

「年齢を重ねるごとにものは増える一方である」

実家の片づけを経験されたみなさんであれば、すでに実感されたことかもしれません。第一章でもご説明したとおり、処分するものよりも家のなかに入ってくるものの方が圧倒的に多いものです。

しかしながら、世代により「もったいない」と感じる度合いが異なります。これから先に老後を迎えるみなさんのなかには、「たくさん捨てているけど……」と思われる人もいるかもしれませんね。

でも、よく考えてみてください。一九八〇年代後半からのバブル景気を経て、日本は飛躍的に豊かになりました。そして次の「失われた二〇年」とも言われる経済の停滞期には、ものの価格が下がるデフレ経済が到来し、さらにものが手に入りやすくなりました。一〇〇円ショップでは生活雑貨のほとんどが買えますし、ドラッグストアや家電量販店の値引き競争は激しさを増すばかり。

さらに、インターネットが普及すると、価格が比較しやすくなったため、ますます価格が下がりやすくなっているのだろうと思います。

また、インターネットでのショッピングは手軽にいつでも楽しめます。今やワンクリックで家まで荷物を届けてくれる時代です。買おうかな、どうしようかなと迷っていても、インターネットのショッピングは「カチッ」とボタンを押せばいいだけ。買い物で財布からお金を出して購入するのとは大違いですね。

「ほしい」と思えば、なんでも手に入る。圧倒的にものが増えやすい時代になったのです。

それでも「でも、ものが増えれば、また捨てればいい」と思われる方もいらっしゃるかもしれません。そこで次にあげたいのはこれです。

「年齢を重ねるごとにものは捨てられなくなる」

なぜでしょうか。

これはものに対する思いが一〇代、二〇代の人とは違うからです。たとえば、三〇代の女性がいるとして、洋服を処分しようかどうか迷います。このとき、その洋服は買ってから何年ぐらい経っているのでしょうか。二〇代のときに買ったとしても、せいぜい五、六年。長く見積もっても一〇年でしょう。

しかし、四〇代を超えてくれば、一五年、二〇年と経つ服もあるでしょう。ものと向き合っている歴史も、若いころとは比べものにならないほど長くなるのです。

四〇代以上の人たちからすれば、ものを捨てられないのは、好きか嫌いか、必要か不要か、使えるか使えないかといった簡単な話ではありません。家のなかにあるたくさんのガラクタに見えるものは、すべてみなさんの人生そのものでもあります。

すでに巣立った子どもたちが残した、小学校のときに使っていた教科書が押入れのダンボール箱につまっている。子どもにひとことも言わずに捨ててしまうのは忍びないですよね。

この場合、子どもに聞くと「捨ててもいいよ」と意外なほど執着がなく、気にしていないのです。同様に、一〇年以上前に嫁いだ娘のひな人形や結納の品々に思いを重ねるのは親の世代です。

がむしゃらに会社で働いてきた人ならば、仕事の軌跡が見える書類の束や、ゴルフコンペで入賞して記念にもらったトロフィーがあるかもしれません。

これらのものは頑張ってきた証しで、自分の分身のようなものかもしれず、涙なしには捨てられないものも、たくさんあるのではないでしょうか。つまり収納をうまくやりくりして、パズルのようにうまくしまえればいい、という話ではありません。

みなさんは長く生きてきた分、積み重なる人生の重みをお持ちです。そう簡単には捨てられません。

男と女の整理の違い

現在、老前整理を実践していただいている方の多くは女性です。よく私に寄せられる相談も「夫が片づけてくれない」というもので、どうやら男性は家のなかの片づけには消極的なようです。

私は老前整理のセミナーを二〇〇九年からスタートしましたが、開講当初は九九%が女性といっても過言ではありませんでした。今でこそ、その割合は女性八割：男性二割になりましたが、「家のなかの片づけは女の仕事」という思い込みは根強いようですね。

「夫が次から次へと本を買ってきて廊下や階段にまで積み上げている。地震でもあれば危ないから『なんとかしてほしい』と頼んでも、『忙しいからそのうち片づける』と言って何年も過ぎてしまいました。最近では本のことを言うと、『うるさい』と怒ります。どうすればよいのでしょうか」

こんなご相談を女性のみなさんからよく受けます。それほど男性は片づけや整理に興味がないのでしょうか。

そんなことはありません。男性向けのビジネス書でも整理本は売れ筋の定番です。しかし、基本的には会社での話であり、効率的に仕事を進めるためのオフィスや机まわりなど書類の整理が中心です。つまり、その目的は仕事の能率をよくすることです。

一方で、女性は家の話が中心です。家のなかのものを減らして、スッキリ暮らしたいと思っています。片づけることにより、「理想の暮らし」を実現することが目的です。

この比較からわかるように、要するに男性は片づけや整理に興味がないのではなく、理想の暮らしを実現したい、ということ自体に興味がないのではないでしょうか。もしくは家のなかにどれほどものがあるかということを把握していないので、問題意識自体が存在しないのかもしれません。男性のみなさんはお心あたりがありますでしょうか。

繰り返しになりますが、「老前整理」は、老いに備えて安全で快適な暮らしを準備することであり、自分がどう生きていきたいかを考えることです。実家の片づけをすでに実践された方は「明日は我が身」と実感していただいていると思いますが、なかなかその必要性が伝わらないようです。

幸いなことに、私のセミナーにいらっしゃる男性の受講者を見ていると、男性は「これをやる」と決めると、きちんと計画を立てて実行する人が多くいます。仕事と同じように取り組むので、動き出せば早く、成功率も高い。要はその気になって動くかどうかです。早めに取りかかるとメリットが多いということに、早く気づいてくれるかどうかなのかもしれませんね。ぜひ実家の片づけで実感してください。

遺品整理と老前整理の違い

老前整理をまったく知らない人からは「そもそも老前整理は、遺品整理や生前整理となにが違うの?」というご質問を多くいただきます。遺品整理や生前整理は、一生のうちに何度も経験することではありませんので、よくわからないというのも当然です。

そもそも自分のために行う老前整理と、親のために行う遺品整理や生前整理はまったく異なるものですが、その違いは老前整理の目的を確認することにも通じることですので、最初にご説明しておきましょう。

遺品整理はひとことで言えば、親など家族が亡くなったあとに、故人の荷物を整理することで、あとに残されたご家族の方が取り組まなければならないものです。

いつしなければならないかなど時期に決まりはありませんが、亡くなられたあとのものを、いつまでも放置するわけにもいきません。弔いのあとに故人の遺品を整理することは、肉体的にも精神的にも残された家族にとっては大変につらいものです。

具体的な事例から紹介しましょう。

母親を亡くされた五〇代女性のMさんは遺品整理の際に、引き出しから片手で持てないくらいの重い風呂敷包みを見つけました。なかを見るとすべて硬貨だったそうです。

Mさんは「はっ」と気づきます。母親はもしかしたら軽い認知症だったのではないか。買い物をするのにどの硬貨を出せばよいかわからず、紙幣ばかりを出しているうちに、お釣りの硬貨だけがたまっていった。そのことを誰にも言えずに、風呂敷に包んでしまい込んでいたのではないか。そうでなければ、ここにある大量の硬貨の説明がつきません。

Mさんは母親を実家に残し、遠方に住んでいました。電話では「大丈夫。元気に暮らしている」と言っていたけれど、どんな思いで小銭をこの風呂敷に包んでいたのだろう。そう思うとたまらない気持ちだと号泣されました。

このように、荷物のなかからなにが出てくるかわからないのが遺品整理です。まず膨大な荷物を選別し、ごみを処分しなければなりません。タンスの引き出しや箱のなかになにが入っているかわかりませんので、いちいちなかを確認しなければなりません。

貴重品はないか、重要な書類がごみに混ざっていないかと、一つひとつを確認する作業にはとにかく時間がかかります。もし現金や貴金属などであれば、宝探しの感覚でわくわくするのかもしれません。でも、現実は甘くない。多くの場合は「どうして、こんなものをとっておいたのだろうか……」と疑問に思うものばかりです。

「もったいない世代」の整理は、特に大変です。遺品整理の話ではありませんが、八〇歳近い高齢の親の家を整理していたある女性は、押入れのなかに賞味期限が一〇年も過ぎた干し椎茸を見つけたそうです。国産で肉厚の高級品なので、もったいなくて処分できなかったみたいですね。

あるいは、遺品整理で親がつけていた日記など、予想もしていなかったものが見つかることもあります。親子といえども知りたくないことまで知らされることだってあるわけです。

「こんなものを残していたのか」というような思い出の品もたくさん出てきます。お母さんが大事にしていたブローチ、お父さんが集めていたパイプ、写真など家族の歴史を知るものもあるでしょう。

場合によっては、故人への対応について、生きているうちに、ああすればよかった、もっとこうしてあげればよかった、という後悔や自責の念にかられることもあります。きっと故人との思い出に涙することもあるでしょう。妻に先立たれたある六〇代男性は、七回忌まで妻の荷物に手をつけられなかったそうです。ようやく七回忌を経て、自分の気持ちを整理するとともに、妻の身の回りのものを片づける気になったとおっしゃっていました。

また、八〇歳の父親を亡くした五〇代後半の息子さんは、その三年前に亡くなった母親の遺品整理もできていなかったため、膨大な荷物に途方に暮れてしまい、その後、一年が過ぎても手がつかず、放置してしまったそうです。

一戸建てにお住まいですと、残されたものの量も膨大です。とても一日や二日では片づきません。田舎でひとり暮らしをしていた父親、母親が亡くなった場合などは、遠く離れて住む息子や娘は仕事もあり、なかなか遺品整理に帰ることができません。仕方なく、泣く泣く遺品整理の業者に片づけを頼むことになってしまうわけです。

なお、遺品整理の業者選びにも十分に気をつける必要があります。遠方に住んでいる、働いていて打ち合わせる時間がない、解体工事までに時間がないなど、お願いする側の弱みにつけ込む悪質な業者もいるようです。見積もりよりも高い法外な料金を請求されるケースも、国民生活センターには寄せられているそうです。できれば数社から見積もりをとり、作業内容も細かく確認したうえで依頼することをおすすめします。

遺品整理は相場やルールがないためにトラブルが多いようです。たとえば、葬儀のようにある程度、儀式としての段取りが決まっていれば、それにしたがって進めていくだけです。しかし、遺品整理のように決まりのないことはそう簡単にはいきません。初めて経験することばかり。どうしても手探りで整理を進めることになるのです。

最近では、遺品整理という仕事がテレビドラマや映画になるなど、それ自体に注目が集まっています。きっと、それだけ身近で深刻な問題だからでしょう。人生五〇年と言われ、ものが少なく貧しい時代にはここまでの苦労はありませんでした。ところが、医療技術の進歩はめざましく、日本の平均寿命はぐんと伸びました。女性八六・三五歳、男性七九・五九歳だそうです（厚生労働省「平成二二年都道府県別生命表の概況」）。みなさんご長寿ですね。

遺品整理はつらくて骨の折れる体験です。実家の片づけは親のよりよい暮らしのためですが、それはのちの遺品整理の苦労の軽減にもつながるのです。

また、遺品整理で苦労されたことが理由で、「子どもには迷惑をかけたくない」と老前整理に奮起される方も多くいらっしゃいます。

一方で、生前整理は主に相続問題も含めた身辺整理を意味します。「生前贈与」という言葉もあるように、財産の処分がメインとなります。たとえば、土地や家など不動産を子どもや孫にどのような形で残すのかなど、子どもや親族のトラブルを防ぐための配慮としてなされます。

でも、生前整理もなかなかうまくいくものではありません。家の名義を息子に変えたとたんに子どもが冷たくなるのではないかと、親が思い込んでいる場合などがあります。そうなると、どこの銀行の通帳を持っているのか、印鑑はどこにあるのか、家の権利証はあるのか、大事なものがどこにあるのかがわからないままに、親が亡くなるということもあるわけです。いきなり「財産をきちんとしてくれ」と言っても、なかなかものごとが進まない場合が多いということです。

老前整理は遺品整理や生前整理とは異なり、これからの暮らしのための準備をすることを意味します。本書がおすすめするのは、まずは親の実家を片づけることです。親にどんな暮らしをしてほしいのかを考えていくことからスタートし、次は自分の老前整理にとりかかりましょう。

「元○○○株式会社執行役員」の名刺はまったく役に立たない

最近では、日本社会の変化にも「老前整理」の必要性を感じる瞬間がありました。「無縁社会」という言葉をご存じでしょうか。

『無縁社会』というドキュメンタリーがＮＨＫで放送されて話題になり、そのタイトルが流行語になったのは二〇一〇年のことですが、家族、地域、会社など人とのきずなが薄れ、孤立する人が増えています。

「独居老人」と呼ばれる、地域や趣味のコミュニティなどに所属していないお年寄りが、ある種の社会問題になっています。六五歳以上のひとり暮らし高齢者、いわゆる「独居老人」は、二〇一五年に約六〇〇万人に達すると推計されています（国立社会保障・人口問題研究所「日本の世帯数の将来推計」二〇一四年）。

問題はニュースとして取り上げられることの多い「孤独死」だけではなく、コミュニケーションがままならなくなったお年寄りが、万引きなどの軽犯罪を起こすなど「高齢犯罪者」の事例も増えつつあることです。

ここ二〇年間で高齢者の人口は二倍強となりましたが、高齢犯罪者は約六倍となり、人口増加をはるかに上回るペースで増えているそうです（法務省『平成二五年版　犯罪白書』）。

最近では、同じＮＨＫで『老人漂流社会』というドキュメンタリーも話題になりましたね。お年寄りが漂流するような生活を送らざるを得ない社会になりつつあるのでしょうか。

私のセミナーに来てくださる受講者にも、七〇代、さらには八〇代という高齢の方もいらっしゃいますが、さいわい、みなさんそれぞれの地域コミュニティに参加していたり、旅行など趣味のサークルに所属していたりと、無縁というわけではなさそうです。

老前整理を行うメリットの一つにあげられるのが、友人を呼べる家にする、ということです。

受講者にアンケートをとると「余計なものを処分して気分的にスッキリしたい」「使いたいものがどこにあるかをわかるようにしたい」といった回答とならんで、「いつでも友人などを呼べるような家にしておきたい」と答える人が多くいらっしゃいます。特に女性のおよそ半数は「家をきれいにして友人を呼びたい」と考えていらっしゃるようです。

家が散らかっており、ものがあちこちに積み上がっていては、なかなか気軽に友人を招けません。片づいていれば、気兼ねなく呼べますよね。男性ならば、落ち着いた自宅で男同士の「家飲み（家での飲み会）」をしてもカッコいいと思います（くれぐれも奥さんに迷惑をかけないようにしてくださいね）。

もし、あなたが「おひとりさま」で老後を過ごすことになったとしても、片づいた家であれば気軽に友人を呼んで楽しい時間を過ごすことができます。いい仲間を持つことは、なによりも安心につながります。

いざというときに助けてくれるのは、趣味を通じた友人や、あるいは地域コミュニティでのつながりです。

子どもがいらっしゃるみなさんでも、遠方に住んでいる、もしかしたら迷惑かもしれない、などそれぞれの理由で頼るのがむずかしいものです。友人やコミュニティでのつながりは、いろいろな意味でセーフティーネットなのです。

ところが、退職後も会社員だった自分から抜け出すことができずに、孤立してしまうことがあるようです。

特に男性でよくいらっしゃるのが、「元〇〇〇株式会社執行役員」などと肩書が書かれた名刺を持ち歩く方です。連絡先にはご自宅の住所と電話番号が書かれています。

大変残念なことですが、名刺を交換するという文化があるのは会社だけです。試しに趣味のサークルや地域の集まりに参加して、名刺を差し出してみてください。とまどわれるのではないでしょうか。そんな夫の横にいる妻は、人知れず恥ずかしい思いを抱いているのかもしれませんよ。

会社を離れたら一個人。定年後は「素の自分」として生きていくためのあたまの切り替えが必要になるのです。いざ病気で寝込んでしまったときに、お見舞いに来てくれる、お願いごとのできる友人がいるのは本当に心強いことです。入院したときには、家に入ってもらったりと頼りにもなります。

ひとりぼっちにならないための有効な手段としても、私は老前整理をおすすめしたいと思います。

テレビや雑誌の片づけビフォーアフターにだまされない

テレビや新聞・雑誌の取材を受けると「ビフォーアフターを見せてください」「どんな効果があるのか、実例を紹介してください」とよく言われます。ここまで本書を読んでいただいた方はおわかりでしょうが、老前整理においてビフォーアフターを見せてくれというのはとても困る質問です。

●散らかっていた部屋がこんなにきれいになりました！
●一〇〇円ショップのグッズでこんなにスッキリと収納しました！
●いる、いらないを瞬時に判断してたくさんものを捨てました！

これらは画《え》的なインパクトもあり、見た目にも美しいのでしょう。マスメディアは視聴率や部数を上げるのがとても重要なことですから、画になるその瞬間だけが整っていればOKというわけです。

働きざかりの男性はご存じないかもしれませんが、平日お昼や夕方のワイドショーや生活情報系のテレビ番組などでは、片づけや整理術はテッパンのコンテンツです。女性向けの雑誌コーナーにぜひ立ち寄ってみてください。片づけや収納の方法が書いてある記事は山ほどあります。

しかし、私は片づけや収納のカリスマではありません。老前整理はあくまで考え方であり、一つのコンセプトだからです。本書で片づけ方を覚えていただく必要はありません。どのような方法でもかまいません。ただ目的だけを間違えないでほしいのです。

老前整理にとってのビフォーアフターは、その人がなにに気づき、どのような将来を思い描き、どう決意したのか、です。私は現在、全国各地のセミナーに呼ばれたり、通信講座を担当するなどしています。その受講生がどんなことを感想に書いているのか、いくつかをご紹介しましょう。

幸村邦明さん（仮名）

収納スペースが思ったより広くなった。整理することにより過去の思い出も整理されたような気持ちになった。

南喜三次さん（仮名）

整理したものを見ると、よくもまあ使いもしないし、見もしないものを大事に保管して、引っ越しの荷物で運んだものだと我ながら感心しています。

山本勇さん（仮名）

だいたんに過去を見切れば身軽になり、これからの生活が簡素、単純にできる。また必要なものが見えてくる。妻が自分のものを整理し始めた。学習を終えて、自分と向き合い、過去と未来の生活環境の変化が大きかったことに気がついた。これから実施すべきことがわかった。

福田澄夫さん（仮名）

実際の整理に着手してみると、私の人生の最も過酷な時期の記録も出てきたが、その前には幸せな心ときめく時期のノートも出てきた。心地よく過ごせることを目標に、今後も整理を続けていきたいと考えている。

なかなか片づけられずにいて、とてもつらい、苦しいという方もなかにはいらっしゃいます。老前整理はあたまやからだだけではなく、心を使うものです。ときにはつらい思い出と向き合うことになりますので、つらく苦しいと思われるのも当然です。

実践された多くの方は、「老前整理は一生続くと思う」とコメントされています。無理をせずゆっくりと進めましょう。老前は短くも長い時間です。短期間で効率よく終わらせる必要はありません。それぞれのペースで、何日かで集中してやる場合、一日一五分を積み重ねていく場合など、さまざまなケースがあります。完ぺきを目指す必要はそもそもないのです。

2. ものを片づける――過去と向き合う

5W1Hを問いかける

ここからは実際にどう片づけていけばよいのか、ノウハウについてお伝えしていきたいと思います。

まずみなさんに理解していただきたいのは、老前整理は「もの」を通じて、過去の自分と対話することであり、過去と向き合うことだということです。

先ほど押入れにしまった干し椎茸を捨てられないという高齢者の例を紹介しましたが、賞味期限の過ぎた食品を捨てるのがなぜむずかしいのか。それは食品を捨てることで、料理をしなかった、食品を使いきれなかったなど、あることを忘れていた過去の自分を「悪い」と認めることにつながるからではないでしょうか。

もし一回も着ることなくクローゼットに眠る洋服があるのならば、それを捨てることは「なんでこんな洋服を買ったのだろう」と自分を責めるきっかけになってしまいます。つまり、捨てるのを先送りにすることで、つらい思いをしなくてもすむわけです。

いつか使えるかもしれない、捨てるのはもったいない、捨てなければよかったと後悔したくない、直せばまた使えるはずだ。捨てない理由はあとづけでいろいろと出てきます。捨てる基準を自分のなかで決めていても、いざ捨てようと思うと、なかなか決断できないものです。

このように、いざ片づけようとしても、なかなか気がすすみません。こうした「整理しない」「捨てない」という行動を変えるにはどうしたらいいでしょうか。

いちばん簡単な方法をお教えしましょう。迷ったら5W1H。次のことを自分自身に問いかけます。

●What（これは、なに？）……背広？　ドレス？　時計？　パソコン？
●Why（なぜ、とっているの？）……必要？　思い出の品？　好きなもの？
●When（いつ、必要なの？）……季節もの？　一年以内に使う機会はある？
●Where（どこで、使うの？）……家で？　パーティーで？　外のどこで？
●Who（誰が、使うの？）……私が？　家族が？　ほかの誰か？
●How much（いくらしたの？）……高かった？　安かった？　今の価格は？

できれば、あたまのなかを整理するためにも、紙に書き出してみることをおすすめします。文章にしてそれを読み返し、客観的に自分の行動や考えを見直してみる。目に見える形にする、可視化することで、ものと自分との関係性を再確認することができます。

たとえば、あなたが若いころに買ったものの、物置きの片隅に置いてあったギター。なぜ、とっておいたのでしょうか。書き出してみると、自分はギターが弾きたかったのだ。でも仕事が忙しくて時間もなく、練習できないうちに忘れてしまっていたのだ。いろいろなことを思い出します。

いつ、使うのでしょうか。時間的なゆとりができるのは仕事を辞めたあとかもしれない。一〇年後、二〇年後までとっておく必要があるのだろうか。たしかに買った当時は高価なものだったけど、今は値段も下がっている。ならば、いっそ誰かにあげるなど処分をして、定年後に新しく買い直すほうが、最新のギターを手に入れられるし気持ちのいいことかもしれない。

言ってみれば「5W1H」はものを片づけるためのフレームワークのようなものです。戦略策定のための「SWOT分析」。マーケティングの「三つのC」。ビジネスパーソンのみなさんならば、有名なフレームワークの一つや二つはご存じのことと思います。片づけを考える視点は、もっとシンプルに5W1Hでいいというわけです。

ものを買ったとき、もらったときの過去の自分と対話することで心がすっきりとします。不要なものを処分したあとには、新しいスペースも生まれます。物理的な空間だけではなく、心のゆとりも取り戻すことができるのです。

空いたスペースには、楽しい未来のイメージが生まれてきますね。少し整理をするだけで、ふしぎとポジティブで前向きな気分になるものです。

片づけたいものには必ず期限を決める

では、どこから片づけたらよいでしょうか。親の家の場合はキッチンの食品から手をつけることをおすすめしましたが、自分のための片づけはどの場所からでもかまいません。リビングでも、食器棚でも、押入れやクローゼット、玄関でもなんでもOKです。

まずは紙のリストにすることをおすすめします。書いてみて目に見える形にします。書くことでやるべきことが見えたら、次はいつまでに片づけるのか、期限を決めていただきます。

本棚を整理するならば、週末を使い一か月あれば終わるだろう、クローゼットも同じぐらい時間がかかるだろうというように、期限をリストに書き込んでいきます。ご自分の都合とペースに合わせて、無理のない範囲で、今週中、今月中と期限を設けるのです。

老前整理は「捨てればいい」という単純なものではありません。ものを片づけるのと同時に、心の整理が必要です。

若いころは、数日あれば家のなかのものを一気に整理できたかもしれません。しかし、今は家族がいることですし、きちんとスケジュールを立てて、ある程度の長丁場も覚悟しておかなければなりません。計画表が必要なのです。

「期限を決める」というのはコミットメント、つまり責任を持って片づけると宣言することです。たとえば、会社で資料を作成するにあたり、いつまでにやらなくてはいけないのかという締め切りを聞かずに始めることはとてもむずかしいと思います。期限を決めることで、期限を守ろうというチカラが働くのです。

また、片づいた状態をイメージして「○○○を片づけて、○○○がすっきりした。これで、○○○になる」といったように、結果がどうなるかを書いてみることをおすすめします。たとえば「読まない本を片づけて、本棚がすっきりした。これで、読みたい本がすぐに取り出せる」「もう何年もはいていない靴を片づけて、下駄箱がすっきりした。これで、玄関が散らからない」という内容でかまいません。

書くことで片づけをイメージして感じることが大切です。小さなステップを少しずつ踏みましょう。

見た目を一気にガラリと変えることができたとしても、心の整理ができていなければリバウンドをしてしまいます。手を使って書くことで記憶に残し、あとから見直すことでたしかに自分はあのときに宣言したのだということを再確認しましょう。スケジュール帳に旅行の計画を書くような気軽さでよいのです。

自分なりの捨てる基準を持つ

計画表ができたら、あとは実際にものを片づけていきましょう。

当然ながら家のなかのスペースにはかぎりがあります。あとから住み替えようと思ったときにも、ものが多くてはすぐに動けません。これからの暮らしで最低限必要なものはなにかを考えたうえで、なにを残してなにを捨てるのか、自分なりの基準が必要です。どのようなルールにしたらよいか、目安をあげましょう。

- 役に立っているものは捨てない
- 思い入れのあるものは捨てない
- 役に立っておらず、思い入れのないものは捨てる

●使えるものは今すぐに使う
●（　）年以上着ていない服、はいていない靴は捨てる
●（　）年以上使っていない日用品は捨てる

日常生活において欠かせない、役に立っているものは当然捨てません。また、思い入れがあるものはあわてて捨てなくてもけっこうです。心の整理ができてから捨てればよいのです。たいして役に立っておらず、思い入れも特にないものはいさぎよく捨てましょう。

「いつか使うかもしれない……」というのは、片づけにありがちな迷いです。そんなときのために、使えるものは今すぐに使うことをおすすめします。よくあるのは、お客様用にとしまい込んでいる高級な洋食器などです。ものは使うためにあります。ぜひ日常で使ってください。スペースにはかぎりがありますので、少しもムダにできません。

気をつけていただきたいのは、ここでも必ず期限を設けることです。制約があることで「これも一〇年使っていないから捨てよう」と判断でき、「次はあれとこれ」「やはりこれも捨てよう」と捨てるべきものが決まってきます。五年でも一〇年でも、自分なりの基準

でかまいません。一度、外枠が決まれば、徐々にしぼられていきます。服なのか日用品なのか、ジャンルやアイテムごとで多少のバリエーションがあってもOKです。

大切なのは、期限を決めて必ずそれを守ること。

勇気を持って捨てること。

老前整理はムダなもの（量）を減らし、積極的に暮らしの質を高めることを追求します。

アルバムを数冊にまで減らせば、いつでも気軽に眺められるようになります。それが本来あるべきアルバムの姿でしょう。洋服も靴も、電化製品も日用品も、すべて同じです。

きちんと自分が納得できる基準を決めて、捨てるべきものは捨てて、再利用が可能なものは、バザーに出したりリサイクル業者に引き取ってもらったりします。そして使うと決めたものは愛着を持って徹底的に使えばよいのです。

パートナーのものには手を出さない

老前整理でもっとも気をつけなければいけないのは、夫婦間の衝突です。以前、こんな相談がありました。

「夫が定年退職をして何年も経つのに、もう出番のくることのない背広を捨ててくれない。場所をとるばかりだから捨ててほしいのに『うるさい！』のひとことで終わってしまう」

じつは老前整理の講座に参加してくださる男性の片づけたいものリストの上位にも、必ず背広は出てきます。七〇代半ばのある男性は、現役時代のスーツを一五着、替えの上着を一〇着、今でも捨てられずに持っているそうです。退職して一〇年経っても過去と決別するのはむずかしいようです。

かといって、妻が勝手に捨ててしまうのは、トラブルのもとです。

六〇代のあるご夫婦の話です。夫がかなりの靴持ちで、妻からすればどう見てもはけないと思うような靴を下駄箱の奥にしまい込んでいました。ある日、妻はそれらの古い靴を捨ててしまいました。ショックを受けたのは夫です。なぜなら、夫にとって思い出がつまった宝物だったからです。

そのなかには、学生時代から憧れていた外国製のもので、会社に入ってから初任給で買った思い出の靴がありました。夫はもうはけないことはわかっていましたが、大切にしまっていたのです。当然のことながら、夫としては納得がいきませんよね。捨てたあとでは、あとの祭りです。取り返すことはできません。

「蔵書は五万冊です」と老前整理のセミナーに参加されたある男性は言いました。私が処分されるのですかと聞くと、「いや、もうすぐ定年退職ですが、大学で教えることになるかもしれないので、本はまだ処分できません」とのことでした。

本に囲まれて暮らしていてうらやましいと思う人もいらっしゃるでしょう。ちなみに一万冊あれば小さな古書店ぐらいはできるそうです。五万冊あれば十分な品ぞろえですね。私の経験から言えば、大量の蔵書をほこるのは男性に多いようです。

八〇代半ばの足が不自由なある男性は、山ほどの好きな本に囲まれて死にたい、それが自分の望む最期だそうです。

このお宅はマンションなのですが、壁という壁に天井までの本棚があり、そこかしこに本が積み上がっていました。強い地震でもくれば本がドドドと降ってきそうです。

妻は危ないからと本を処分しようとしますが、うまくいきません。なぜか処分しようとすると、夫の体調が悪化するのです。ただでさえ病気がちな夫です。下手に片づけてしまうことで、夫に生きる気力をなくされても困ります。代わりに本棚に金具をつけて固定するなど、しっかりと地震対策をされたそうです。

このように、ものを処分するときにむずかしいことの一つが、自分のものではないときです。

夫婦の価値観が交錯するのはよくあることです。ここで覚えておいていただきたいのが次のことです。

「家族のものには手を出さない」

老前整理の鉄則です。

夫婦でも親子でも、ものの価値観は違います。あなたにとってはごみにしか見えなくても、パートナー、子どもにとっては宝物かもしれないのです。夫が大切にしていた背広や靴を妻が捨ててはいけないのです。

子どものころ、自分のものをお母さんに勝手に触られたり捨てられたりした経験のある人もいらっしゃるでしょう。おそらく、そのときはがくぜんとされたのだろうと思います。テレビ局に勤める四〇代後半のある男性が忘れられないのは、いとこにもらったＧＩジョーの人形を母親が勝手に捨てたことだそうです。四〇年経ってもこの人の記憶にははっきり刻まれているのです。

「あなたに言われる筋合いはない！」と感情的に反発されることが多くあります。たとえば本や洋服の処分は、パートナーにとって人生でいちばん大切なことかもしれません。

そんなときは、ものの片づけを通じて、夫婦間のコミュニケーションをとりましょう。使わなくなったダイニングテーブルセットを捨てるかどうかを夫婦で話し合うことで、もしかしたらライフスタイルの大きな変化に気づくかもしれません。

最初は自分自身にとっての老前整理かもしれませんが、老後をともにするパートナーのための老前整理へと、徐々にその範囲を広げていけばよいのです。あせる必要はありません。

ものを片づけるコツ

ここまでご説明で、一〇〇円ショップのグッズを使ってうまく収納をするようないわゆる片づけのテクニックと、老前整理は、かなり異なるコンセプトだとご理解いただけたかと思います。

とはいえ、老前整理にテクニックがないわけではありません。成功にみちびくためのコツがあります。「迷ったら5W1H」「家族のものには手を出さない」はすでにお伝えしておりますが、そのほかのルールをご紹介しておきましょう。

【迷ったら期限つきの保留ボックスへ入れる】

思い入れはあるけれど、捨ててもいいかもしれないと思うものもあるでしょう。日常生活では使う機会がないけれど、大切な友人からのいただきものなので、どうしても捨てられないという場合もよくあります。

そんなときは保留ボックスをつくりましょう。迷ったら、とりあえずこのボックスに入れておくのです。これがあることで、捨てるか使うかを迷っているうちに日が暮れる、なんてことはなくなります。片づけは流れが止まらなければ、必ずうまくいくものです。

ここでも半年、一年といった期限を必ず決めることが大切です。フシギなことに、時間をおいて保留ボックスのなかのものをあらためて見てみると、「なんでこれを捨てることを迷ったのだろう」と思うことが多くあります。心の整理は時間とともにつくものなのかもしれませんね。

なお、期限を決めて捨てるというのは、老前整理にかぎらず、あらゆる整理術の基本中の基本とも言えますので、覚えておくととても便利です。

【収納用具は買わない】

不動産会社のある営業担当者いわく「賢い人は若いうちから広い家には住まない」そうです。なぜだか、わかりますか?

理由は簡単。一度でも広い家に住んでしまうと、スペース分だけものを持つようになり、たいていの人はそこから狭い家には引っ越せなくなるからです。たとえばベッドや家具は、当たり前ですが部屋に合わせて買うものです。いちばんよくないのは、置き場所があるので、とりあえずとっておく習慣が身についてしまうことです。

同じように、収納用具を買うということは、その分ものの置き場所を増やすことにつながります。結果、ものが増えるのが必然です。

ものを整理するために収納用具を買う気持ちはとてもよくわかりますが、ここで重要なのは収納術やきれいに整理するための道具ではありません。どのようにものを減らすかが老前整理の本質です。あらたに収納場所を増やす必要はまったくありません。ものを減らせば、その分のスペースが空いてきますのでご安心ください。

まずは減らす。捨てる。その基本を忘れないでください。

【「使える」と「使う」は違う】

先ほど「使えるものは今すぐに使う」というルールをご紹介しましたが、これはとても重要なことです。

「使える」からとっておこう、残しておこうと考えてしまうと、家にあるほとんどのものがその基準に該当してしまわないでしょうか。「使える」と「使う」は、次元がまったく異なるものです。「使う」というのは今の生活で役に立っているもの、必要とされているものです。一方で「使える」は実際には使っておらず、不必要である可能性が高いものです。

その場合には必ず「5W1H」を確認しましょう。いつ必要なのか、どこで必要なのか、誰が使うのか。たとえば、物置きに石油ストーブがあるとしましょう。壊れてはいません。本来は冬に必要となるはずですが、誰も使っていません。なぜなら、ファンヒーターを買ってからまったく使うことがなくなったからです。この石油ストーブは「使える」でしょうが「使う」ことはありません。

だからこそ「使えるものは今すぐ使う」のです。もし「使える」ものであれば、なにも「捨てる」だけが処分ではありません。必要な人を探してゆずることもできますし、ものがよければリサイクル業者に引き取ってもらうこともできるでしょう。「使える」ものは「使う」人のところへ届けてあげる選択肢もあると思います。

念のため申し上げますが、思い出の品は別です。結婚記念品やすでに亡くなった家族の大切な思い出の品など、思い入れのあるものには「使える」「使う」という基準は必要ありません。それとは違ったルールを設けてあげればよいでしょう。もちろん、一度ルールを決めたら、例外を認めないことだけはお忘れなく。

【完ぺきを目指さない】

すでにお話ししたように計画表をつくることはとても大切ですが、最初から完ぺきを目指してはいけません。せっかく計画を立てたのに、うまくいかないからと途中で断念してしまうのは、あまりに惜しいことです。

若いころとは違い、自分が思うよりも体力や気力が落ちているものです。すぐにくたくたになり、腰が痛くなることもあるでしょう。ましてや老前整理は心の整理、捨てるか使うかを一つひとつ判断し、ときには思い切って処分する決断も必要となります。体力だけではなく、根気よく続けるための気力も必要です。

少しずつ小さな目標を立てて、一〇分、一五分でも進めていくことが大切です。地道にコツコツと続けること。これが老前整理を成功させる唯一の近道だということを覚えておきましょう。

人に知られたくないものの片づけ方

誰しも秘密にしておきたいものはあるものです。あるとき、五〇代男性からこんなご相談を受けました。

「じつは妻や子どもに秘密で春画のコレクションをしているが、万が一、自分が突然に逝ったときを考えると、このままではまずいと思っている。どうしたらいいか」

たしかに、残された家族は、夫の、あるいは父親のこのような秘密の趣味を知って驚くかもしれません。あるいは、尊敬が軽蔑に変わってしまうこともあり得るでしょう。これは不都合というより、名誉にかかわることですね。

ある六〇代の妻は、夫がむかしの彼女からもらったラブレターを持っていたため、「この人とはいっしょのお墓に入りたくない」と思ったそうです。もちろん、ラブレターは妻と出会う前の日付ですが、とっておく気持ちが許せないとのことでした。

日記帳なども家族に見つかってはきっと困りますよね。もし、その日記帳に誰かの悪口が綴ってあればどう思うでしょう。気持ちのいいものではありません。

こうした秘密のものを整理するコツがあります。選択肢は次の三つです。

（一）正直に打ち明ける（カミングアウトする）
（二）秘密のものを箱に入れて家族宛ての表書きをして封印する
（三）自宅ではない場所に保管して処分を友人に依頼する

見られたくないものの場合、処分の指示をどうするかがポイントです。

（一）はあなたの覚悟次第。堂々と言いましょう。

（二）は「このなかのものは自分が亡くなったら開けずに処分すること」と表書きをして封印をするということです。ただし、「見てはいけない」と言われると見たくなるのが人情です。ある程度のリスクは覚悟してください。

（三）は友人が先に亡くなったり、忘れたりすることがなければ、家族に知られることなくやり過ごせるいい方法です。同じ趣味を持つ友人であれば、ゆずることで万事が解決しますね。持つべきは信頼のおける友人です。

3．写真とアルバムを片づける——思い出と心の整理

思い出の片づけは写真とアルバムの整理から始めよう

思い出の品は老前整理をするのに、いちばんやっかいなものです。

思い出がなければただのガラクタなのに、思い出の品となると捨てられないもの。しかも、その思い出は他人にはなかなか見えないため、家族からも「なぜ、そんなガラクタをとっておくのか」と言われてしまいやすいものです。

しかし、だからこそ思い出の品はかけがえのないものなのでしょう。その価値を他人がはかることはできません。

大切な思い出の品はどのように片づければよいのでしょうか。

まず、おすすめしたいのは思い出の写真を片づけてみることです。なぜなら、写真はそもそも思い出を残すために撮られていることが多く、その片づけを通じて心の整理がつくからです。

また、講演会やセミナーなどでアンケートをとると、アルバムは「場所をとって困る」「たくさんあるがどうしていいかわからない」と悩まれる人が大勢いるようです。みなさん、アルバムは十数冊くらい持っているのが当たり前のようですね。

ところが、いざ「アルバムを最近ご覧になりましたか?」と聞くと、たいてい「見ていません」と言います。多くの人が「もうアルバムを何年も見ていない」にもかかわらず、簡単に捨てることができないようです。なかにはアルバムに貼るのも面倒だからと、写真を箱に入れたままという人もいるようです。

携帯電話やスマートフォンで簡単に写真が撮れて、家族や友だちに見せるときもプリントではなくて画面で見せる、なんてことができてしまう時代。紙焼きの写真はやがてなくなっていくのかもしれません。

しかし、二〇年前、三〇年前の出来事や思い出は、今みなさんの目の前にあるアルバムのなか、紙焼きの写真でしかふり返ることはできません。失っては困るものも、また写真というわけです。

最初にアルバムの写真を片づけることで、思い出を整理してみましょう。

思い出の写真を選ぶための五つの基準

アルバム整理はどこから手をつければいいのでしょうか。

写真は時系列に並べるのがいちばんシンプルな整理法です。アルバムを自分や家族の年表としてとらえて、自分の歴史や家族の歴史をどう残すかという視点で整理するとよいでしょう。

アルバムの写真は必ずしも撮った順に収められているわけではありません。後述しますが、このときに「自分史年表」があると便利です。

最初のルールとして、アルバムを何冊残すかを決めましょう。理想としては二、三冊でしょう。手元においていつでも見られるのは、せいぜいそのぐらいです。いざなにかがあったときにも持ち出せて、子どもたちに残しても負担にならないぐらいにしましょう。

そしていちばん迷われる方が多い「写真選定」です。老前整理では、五つの基準から写真を選ぶことをおすすめしています。

【一・ピンぼけの写真はいらない】

ピントが合っていないためにぼけている、いわゆる「ピンぼけ写真」はいりません。今でこそカメラの性能はほとんどピンぼけすることがないぐらいによくなりましたが、むかしのカメラはそう簡単にはいきませんでした。しかも誰もがカメラを持っているという時代ではなく、写真を撮るのは入学式・卒業式や運動会などの行事がある場合や家族旅行など、特別なときだったため、せっかく撮った数少ない写真をムダにはできませんでした。ピンぼけ写真でももったいないとアルバムに貼ってあることが多いのです。まずはこうした写真を除外しましょう。

【二・同じような写真はいらない】

むかしの写真に二枚、三枚と同じようなものが多い理由は、念のためとシャッターを押していたからです。今のデジタルカメラのように、どのように写っているかを画面で確認できるわけでもありませんでした。せっかくの特別な行事なので失敗してはいけないと、つい撮ってしまったというわけです。なんとなく捨てられないからとアルバムに貼っているのかもしれませんが、同じような写真をとっておく必要はありませんよね。

【三．誰かわからない人が写っている写真はいらない】

そもそもなぜ写真を選んでいるのでしょうか。最初に申し上げたとおり、アルバムは「自分の歴史や家族の歴史をどう残すか」という視点で見ていただきたいと思います。思い出がよみがえる写真、家族の歴史を象徴するような笑顔が写っている写真など、当然ながら自分や家族が写っている写真の優先順位を高くしましょう。そもそも整理をしている本人が知らない人が写っている写真を残す必要はないと思います。

【四．集合写真は残したい大切なものだけを選ぶ】

扱いに悩むのが「集合写真」です。四、五人ならまだしも十数人、なかには何十人も写っているような集合写真もありますよね。どうしたらよいでしょうか。そのときは集合写真よりも、一人ひとりのイキイキとした表情が残る個々の写真を優先してはいかがでしょうか。もちろん、大切な瞬間もあります。卒業アルバムの集合写真を目の前に、むかし話に花を咲かせるようなこともあるでしょう。残したい、大切にしたい。その気持ちを大事にしましょう。

【五．風景写真は厳選する】

旅行に行くとつい撮りすぎてしまうのが風景写真。普段目にすることのない風景は、たしかに美しいかもしれません。しかし、自分や家族の歴史をどう残すかを考えていくと、風景写真には厳しい取捨選択が必要です。インターネットの時代になり、地名を検索すればきれいな風景写真はすぐに見られるようになりました。より大事になりつつあるのは、「人」です。子どもの成長や家族の歴史などの「時を刻む」ような写真を残すことを優先するべきだと私は思います。

このように写真を選んでいくと、じつは一冊のアルバムのなかから残したいと思う写真は四、五枚。ぐっと枚数は少なくなります。最近では携帯電話やスマートフォンで手軽に写真が撮れるようになりました。何百枚もの写真が一枚のＤＶＤに収まり、コピーもものの数十分で簡単にできます。アルバムを自分だけではなく、自分の子どもや孫の世代に残していこうとすれば、どう考えても整理が必要です。今のうちにやっておいたほうがいいのではないでしょうか。

すぐに始められる写真の整理法

では、アルバム整理の手順をご紹介しましょう。

まず、アルバムのタイトルを決めます。「〇〇へ家族旅行」「〇〇の成長記録」など、一つのテーマに限定します。

次に、選んだ写真に簡単にはがせるふせんをつけていきます。夫婦や親子など複数人でいっしょに写真を選ぶ場合は、人数分の色の違うふせんを用意しましょう。たとえば夫はブルー、妻はピンク、子どもは黄色などで、各自が一冊ずつアルバムを見ながら、残したい写真にふせんをつけていきます。このとき、アルバムから写真をはがさないのがポイントです。バラしてしまうと、せっかく一度はアルバムでまとまりのついていた写真の見分けがつかなくなり、なかなか思うように整理ができなくなります。

アルバムをすべて見終わりましたら、ふせんのついている写真をチェックしていきます。家族で整理をする場合は、自分以外のふせんのついている写真をよくチェックしましょう。

色違いのふせんが多くついている写真は残します。次に一つしかふせんがついていない写真は、その色のふせんを貼った人が理由を説明しましょう。いろいろなことを思い出し、やはり写真を残そうということになるかもしれません。家族が参加してくれる場合、話し合いながら家族の歴史を棚おろしすることはとても大切です。

すべてのアルバムでふせんのついた写真のチェックが終わったら、それぞれのアルバムの写真の枚数を数え、最初に決めたアルバムの冊数に収まるかどうかを確認します。枚数が多すぎる場合は、もう一度どれを残すかを検討します。複数名ならばメンバーそれぞれの意見を述べてもいいでしょう。

アルバムから写真をはがすときは、はさみやカッターを使うよりも、ペーパーナイフで少しずつはがすほうがきれいです。古いアルバムから写真をはがし、新しいアルバムの前に並べていきます。

最後に、アルバムに貼る順番やレイアウトを決めて、貼っていきましょう。これでできあがりです。家族で行う場合、少し時間がかかるかもしれませんが、思い出を話し合う時間はとても貴重です。子どものころには聞けなかった親の話を聞くことができるかもしれません。これを機会に、家族の歴史、自分の歴史をふり返りましょう。

なお、むかしの写真ですから、ネガフィルムが保管されている場合もありますよね。アルバムの整理のお話をすると、ネガフィルムについてときどき質問をいただきます。そのときに私からお聞きするのは「この先、ネガフィルムで写真を焼くことはありますか？」ということです。もし、今この時点で紙に焼くことがなければ、今後もないと考えてさしつかえはないでしょう。よほど特別なネガフィルムをのぞき、処分するのがよいと思います。

アルバムの整理をするいちばんのメリットは、新しいアルバムはコンパクトに数冊にまとまるので、いつでもすぐに見られるという点です。せっかくの新しいアルバムですから、押入れにはしまわず、すぐに見られる居間、リビングルームにおいておきましょう。正月に家族や親せきが集まるときなど、子どもや孫に見せて、思い出などを話してあげましょう。「この人は父方の○○おじさんで、この人は母方の○○おばさんだよ」など、子どもや孫に家族の歴史を伝えるのはとても大切なことです。

もう一つ忘れがちなメリットを加えておきましょう。もし、災害などで緊急避難が必要な場合、たくさんのものは持っていけません。でも、数冊のアルバムぐらいならば持っていけるのではないでしょうか。いざというときにも、かけがえのない家族の歴史を失わずにすみます。

失って初めてその大切さがわかるもの。それがアルバムなのです。

「写真を一枚も処分したくない」という人にとっておきの方法

このようにアルバムをコンパクトにできればとてもスッキリします。

しかし、なかには思い出のたくさんつまった写真を捨てることは過去を否定するようで嫌だ、家族の歴史である写真を一枚たりとも処分したくないという人もいらっしゃるかもしれません。

そういう方にはとっておきの方法があります。

紙焼き写真のデジタル化です。

写真をスキャナーという機械で読み込み、パソコンなどに取り込みます。そうすれば、何百枚、何千枚とある写真でも薄いＤＶＤに収めることができるのです。時間と手間は多少かかりますが、パソコンとスキャナーさえあれば可能です。

「パソコンなんて使えるわけがない」という方もご安心ください。もしデジタル機器に不慣れなようでしたら、写真を現像するＤＰＥ店などで写真やアルバムをスキャンしてデジタル化するサービスを行っているところも最近では増えています。写真のデータをＤＶＤなどに収めてくれて、アルバム一冊で数千円程度というサービスもありますので、そうしたＤＰＥ店に一度、相談してみるのも一つの方法です。

写真やフィルムは時間の経過とともに色あせるなど劣化するもの。一方、デジタル化したものにはその心配はありません。また複製、コピーができるのも特徴です。もしものときに備えて、ＤＶＤをもう一枚つくり、子どもに渡しておくこともよいのではないでしょうか。

　七〇代のある女性は、アルバムの一ページ一ページをデジタルカメラで撮り、パソコンに写真のデータを保存されていらっしゃいました。よいアイデアですね。やり方にルールはありません。それぞれで工夫していただければよいのです。

「先祖や家族が写った写真をごみとして捨てるには忍びない……」というご相談もあります。むかしならば庭でたき火をして燃やしたのでしょうが、今はそうはいきません。こうした場合は、おたき上げをお願いできる神社などを探すのも一つの方法です。遺品や人形だけではなく、写真など思い出の品を受けつけてくれる神社もあります。

　もしくは箱に入れて包装紙できれいに包み、リボンをかけるなどしてから、「ありがとう」という気持ちで燃えるごみとしてに出すのはいかがでしょうか。「そこまでしなくても……」という方もいらっしゃるでしょうが、処分は気持ちの問題です。長い間の感謝を込めて、家族を粗末に扱ったと後悔することのないように処分することが大切です。

思い出の品を探そう

写真の整理がつけば、思い出と心の整理はおおよそつきます。では、それ以外の思い出の品はどう手をつければよいでしょうか。

まずは家のなかを見渡して「思い出の品ベスト10」を探してみましょう。なかには「一○個もない」という方もいらっしゃるようで、大切な思い出の品は思ったほどないのだと気づかれる方もいらっしゃるようです。

探し終わりましたら、それらを紙に書き出します。その際、「品名」に加えて「重要度（五段階）」「まつわる思い出」を書き出してください。

たとえば、「着物」と品名を書き、重要度は「4」、まつわる思い出は「亡くなった母親がよく着ていた」と書きます。「絵」「3」「長男の○○が三歳のときに描いた」など、子ども部屋に貼ってある絵の場合もあるかもしれません。

次に、保管するか処分するかを検討していきましょう。

もちろん、本当に大切な思い出の品はそのままおいておけるならそれに越したことはありません。

そこで、写真の整理で最初にお伝えしたことを思い出してください。手元においていつでも見られるアルバムはせいぜい二、三冊です。つまり、いざというときに持ち出せて、子どもたちの負担にならない適量を考えて、最初にそのボリュームを決めなければなりません。

ベスト10はすべて残す人もいれば、ベスト5までにする人もいらっしゃるでしょう。自分自身でよく考えて、また夫婦や家族で意見を出し合って、まず適量を決めます。どうしても点数をしぼれない人には、よい方法があります。それらの思い出の品を写真に撮り、アルバムに入れるのです。

大切なのは「もの」でしょうか、「思い出」でしょうか。もちろん思い出ですよね。写真で残せば場所をとることもなく、アルバムといっしょにどこへでも持っていくことができます。

住み替えをするにも、老人ホームに入るにも、持っていくのはそれほど多くないほうがいいもの。ましてやお金を払ってトランクルームを借りてまでして、とっておく必要がどこまであるのでしょうか。

大事なのは、心の整理をつけることです。まずは写真とアルバムで家族の歴史や自分の歴史をふり返り、思い出の品をどのくらい残すのか、またどう残すのかを考える。これが老前整理の第一歩です。

4. 年賀状を片づける——人間関係を整理する

老後には新しい人間関係が必要

老後を迎えるにあたり、思い出と心の整理と同じぐらい大切なのが「人間関係」の整理です。

すでに「元○○○株式会社執行役員」などと肩書が書かれた名刺を持ち歩く方をご紹介しましたが、そのようなものはほとんど役立たないと考えたほうがよいでしょう。

老後には新しい人間関係が必要です。趣味を通じた友人という場合もあれば、地域コミュニティへの参加でできるつながりもあるでしょう。こういった友人やコミュニティは老後を楽しく過ごすために必要ですが、いざというときのセーフティーネットでもあります。子どもがいても遠方に住んでいる、また迷惑をかけたくないなどの理由で、必ずしも子どもに頼れないこともあるでしょう。病気で寝込んでしまったとき、突然倒れてしまい一刻を争うとき、頼れる仲間がいるのは心強いことです。

では、人間関係はどのように整理していけばいいのでしょうか。そんなときには、「まずは年賀状を整理されたらいかがでしょうか」と答えるようにしています。

年賀状は年齢や性別を問わずお困りの方が多いものです。将来、なにかに使うことがあるとは思えないけれど、なかなか捨てられないのが年賀状。最近でこそプリンタで印刷されただけの年賀状も増えましたが、手書きのもの、家族の写真がついているものなど、捨てるに忍びないという場合がほとんどです。

でも、よくよく考えてみると、年賀状ほど今の自分にとっての人間関係を表しているものはありません。

「ご無沙汰しているけど、お元気そうだな」「あのお宅、お孫さん生まれたんだ」など、年賀状を見るたびに、人と人とのつながりを感じられるのではないでしょうか。

これからの人付き合いをどうしていけばよいのか。年賀状の片づけほど、これからの人間関係の整理に向いているものはありません。年賀状は宛先がはっきりしていますので、

「家族のものには手を出さない」という老前整理のルールも守りやすく、家族間でトラブルになりにくいこともメリットの一つです。

また、年賀状の片づけは、老後は誰と人間関係を保ち、どんなライフスタイルを選びたいのかを考えるよいきっかけとなるでしょう。

年賀状はせいぜい二年分を保管しておけばよい

私が「年賀状を片づけてください」と言うと、たいてい「年賀状は何年ぐらい保管すればよいでしょうか」と質問をされます。

保管する期間に正解はありません。領収書ならば何年保管しなければいけないという法律があるのでしょうが、年賀状は保管しなければいけない義務などないのです。

質問されたときには、逆に「どうしてずっと保管されていらっしゃるのですか?」と聞き返すようにしています。

すると「なんで保管しているのでしょうね」と、理由もなく、なんとなく保管していることに気づいていただけるようです。気にもしていなかったということが多いようです。

なかには、なんと成人してから五〇年以上の年賀状を保管している、という男性もいらっしゃいました。靴の空き箱を使い、八箱に分けてつめているとのことでしたが、そのあとに老前整理に目覚め、心に残るものだけを残すことにされたそうです。

もし、住所を確認するためだけならば、せいぜい二年分ぐらいを保管しておけばよいでしょう。古い年賀状ほど情報が古い可能性があり、とっておく必要性がうすれます。知り合いの子どもの成長がわかる写真付き年賀状がどうしても捨てられないならば、それだけをとっておけばいいわけですし、木版のすてきな年賀状を毎年楽しみにしているならば、それは捨てずに大切にしまっておけばよいわけです。

老前整理では、どんな人間関係を保っていくのか、一〇年後、二〇年後の未来をイメージしながら、捨てるか捨てないかを自分で考えて結論を出すプロセスが重要です。

「年賀状は本年かぎり」にする

「歳を重ねるにつれて、年賀状を出すのが面倒になってきた。どうすればいいだろうか」というご相談もよくお受けします。

あるセミナーに参加していただいた八〇代男性の方は、毎年三〇〇枚の年賀状を出しているとおっしゃっていました。高齢になってからもその枚数の年賀状を出し続けていけるとは、さすがに思えませんよね。

年賀状を整理する方法は二つです。

一つは「年賀状を出さない」ことです。簡単ですね。でも、これが無理なくできるのならば、最初から悩むことはないでしょう。そんな失礼なことはできないと思うのが普通です。

もう一つは「今年かぎりで新年のご挨拶は遠慮させていただきます」とはっきりと書くことです。

以前、私が働いていた有料老人ホームに末期がんの方がいらっしゃいました。来年は自分が年賀状を書けなくなるだろうから、もらう一方ではつらいからと、「年賀状は本年かぎりにさせていただきます」と一筆したためて年賀状を送りました。もちろん病状については一切触れていません。

こうしたときには、体調でも崩しているのかと心配して連絡をくださる人がいるかもしれません。理由は書かずとも察してくださる人もいるでしょう。ありがたい思いやりには、感謝とともに本音をお話になってみてはいかがでしょうか。もしかしたら、同じように年賀状の形式的なご挨拶を負担に感じているかもしれません。

定年などで退職すると、少なくとも仕事関係の年賀状は減ります。さびしいと思う人、スッキリしたと思う人、人それぞれでしょう。これを機にと、年賀状の整理を始める人もいます。

まず考えていただきたいのは、毎年あちらから届くからとなんとなく出している年賀状です。二度と会うことがないかもしれない人、顔すら思い出せない人に、今までの惰性で年賀状を出していないでしょうか。

退職して時間ができたときに、そういう人と会う機会をつくってみてはいかがでしょうか。働いているときはお互いに忙しくて、なかなか会えないという友人もいることでしょう。

大切なのは今まででではなく、これから相手とどういう関係を築きたいかということです。どうつながりを保てばよいのかを考えながら、年賀状の整理を進めていきましょう。

お付き合いを整理する

年賀状が片づけば、老後に築きたい人間関係の整理はできてきます。次にチャレンジしていただきたいのは「お付き合いの棚おろし」です。

年賀状を見ながら、人間関係リストをつくってみましょう。

まず「名前」を書いてから、自分との「関係性」を書きます。

- 会いたい人
- 普段は会えなくても、つながっていたい人
- 旅行に行きたい人
- 食事や飲みに行きたい人
- 映画やコンサートに行きたい人
- 趣味の友人
- 心がときめく人

●自分が入院したら必ず知らせる人
●困ったときに助け合える人……etc.

もちろん人間関係の分け方に決まりはありません。自分なりのリストをつくってみましょう。重複してあげる名前もあるかもしれませんね。

いちばん大切なのは、その人と自分の人間関係はこうしていきたいのかと再確認することです。

なかには、まったく名前が書けず、さびしい思いをする人もいるかもしれません。しかし、そのことに気づけば、家に閉じこもってばかりではなく、少しは外に出てみようという気になるものです。

ご近所の人との「こんにちは」のあいさつのあとに、「きょうは寒いですね」「いいお天気ですね」とひとこと加えるだけでも、会話ははずみます。特に男性の方は最初は照れくさいかもしれませんが、慣れれば自然なコミュニケーションに変わります。あちらから声をかけてもらえるようになるかもしれません。

勤めていた会社の元同僚だけでは、話題も仕事をしていたころのむかしの話にかたよってしまいます。元同級生もひとりふたりと減るばかりで、つながりが増えていくわけではありません。趣味やボランティアなど新しい活動のなかで、自分からひと声をかけてみることを心がけてみましょう。

「そんなの面倒なことだ」と思われるでしょうか。そう言っていられるのも今のうちかもしれませんよ。

六〇歳以上の男女を対象にした調査では、実際にひとり暮らしの世帯で約一〇人に一人は会話する頻度が一週間に一回か、それより少ないと答えています。電話やメールでの会話を含む数字です。いざというときに声がきちんと出るか不安になってしまいそうですね。

また、困ったときに頼れる人がいない人がけっこういるものです。同じ調査では、男性のひとり暮らしの世帯で二〇%の人が「頼れる人がいない」と答えており、女性も八・五%と低くない数字です（内閣府「高齢者の経済生活に関する意識調査」平成二三年）。

こんなことがありました。ある日、昼ごろに地下鉄に乗り座っていたときの話です。私のとなりに座った七〇代半ばぐらいに見えるグレイの色の髪をした女性が話しかけてきました。聞くとその女性はひとり暮らしで普段はなかなか話す相手もおらず、さびしくなったらシルバーパスを使ってバスや地下鉄に乗り、となりの人と会話をするそうです。

こう書くと、なんだかかわいそうなおばあさんという感じがしてしまいますが、とても快活でハキハキとお話しされる方でした。一〇分ほどの短い時間でしたが、私も会話を楽しむことができました。

最初のひと声がとても大事だなと思ったワンシーンです。

年賀状の片づけで人間関係を整理し、お付き合いの棚おろしをすることで、老後のつながりが見え、つながりが少ない人は少なからず危機感を持つことができます。ぜひ、一度チャレンジをしてみてください。

5. 自分史年表を書く

老前整理の締めくくりは「自分史年表」を書くことです。私はこれを「自分の棚おろし」と呼びます。

お店で棚おろしというと、店に並んでいる商品、倉庫にある在庫の数を確認することですね。この棚おろしをしないと、倉庫になにがいくつあるのかがわからず、いくつぐらい注文すればいいのかがわかりません。たくさん在庫があるにもかかわらず注文してしまうと、在庫の山を抱えることになります。また、売れないものはいつまでもおいておけないでしょう。倉庫のスペースを増やそうとすればお金もかかります。

同じように、老前整理はいわば「人生の棚おろし」です。この作業を経るからこそ、老後に訪れる「第二の人生」を正しく描くことができます。

そして、自分がいつなにをしてきたのかを確認する「自分の棚おろし」の作業が自分史年表の作成です。自分史年表は、長文で自分史を書くような大げさなものではなく、歴史の教科書でよく見るような簡単な年表です。ささっと書けますので、それほど気負うことはありません。

書き方は「年」を書き、その年に起こった「社会の出来事」(例：東京オリンピック開催、ベルリンの壁崩壊など)を書き、その横にご自身の「出来事」を並べます。

小学校の入学式や卒業式、大学入学・卒業から就職、子どもが生まれた年などを、社会で起こった出来事と並べてみるとおもしろいものです。

忘れていたことに気づき、なにかを始めるきっかけとなることもあるでしょう。たとえば小学校のころに習っていたピアノのことを思い出し、老後の趣味として再開しようという気になるかもしれません。父親が逝って五年だから、そろそろ七回忌の準備をしよう、と気づくこともあります。

大事なのは自分史年表を書きながら、あたまと心を整理していくことです。夫婦で見せ合うことで「そんなことがあったのか」と初めて気づくこともたくさん出てくるはず。子どもに見せて家族の歴史を知ってもらうのもよいでしょう。

五〇代のある女性は、認知症の母親のために自分史年表をつくってあげたそうです。すると「懐かしいわ」などと、認知症にもかかわらず予想外にきちんと答えが返ってきました。また、まったく知らなかった母親の意外な一面を知ったそうです。思わぬ波及効果があるかもしれません。

自分史年表を作成するときに、一つだけ気をつけていただきたいことがあります。それは「後悔しない」ことです。「あのとき、こうすればよかった」と思われることもあるかもしれませんが、過去を変えることはできません。

過去があるから今の暮らしがあるのだと前向きに考えて、これから気持ちよく暮らすためにはどうすればいいのかを考えていきましょう。

6. まとめ

ここまでは、なぜ老前整理をしなければいけないのか、その意味について考え、また身の回りのものを整理することを通じて、あたまと心を整理する方法について解説してきました。

整理をする過程で、今までの人生や家族のこと、これからの暮らしを考えることができたでしょうか。

もちろん、実行があってこその老前整理です。

山の上の木になっているおいしい果実を手に入れるためには、まずは山を自分の足で登り、木になっている果実に手を伸ばさなければなりません。

山に登るとき、頂は雲の上のかなたに見えます。でも一歩一歩すすんでいけば、必ず頂上にたどり着きます。苦しくなったら途中で休んでもいいですし、道端の花がきれいだと見とれてもいい。けれど、あきらめずに歩み続けること。そうすれば時間はかかっても目標にたどり着きます。

もったいないし、まだ使えるから捨てるに忍びない。どうしてこんなものを買ったのだろうか。なぜこんなものを大切にしていたのだろうか。整理をするたびに、ぐるぐると同じところを回っていたように感じることもあるでしょう。

一つずつ、少しずついらないものを手放していくことで、これからの道が視界に入り、はっきり見えてきます。肩の荷が少しずつ減り、次第に足取りも軽くなる。苦痛だと思っていたことがいずれ快感に変わるかもしれません。

山の上から見た景色は、ふもとで想像していたものとどれほど違うのでしょうか。眺望、澄んだ空気、胸の高鳴り、したたる汗、登山の喜びは言葉をつくしても伝えるのがむずかしいものです。同じように、私も老前整理の喜びを伝えるのがとてもむずかしいと感じる日々です。

ぜひ、みなさんも老前整理にチャレンジをして、登りきったときの気持ちよさ、心地よい疲れ、自分が成し遂げたことによって誇りと自信を得てください。

次の最終章では、これからの暮らしをどう計画していけばよいのか、未来へ向かったお話をしていきます。

第三章　未来へのマイルストーン——定年後の計画を立てる

1. 未来の自分史年表をつくる

定年後の自由時間は今まで働いてきた時間より長い

親の住む実家も片づけて、ものの片づけや心の整理ができたところで、老前整理もいよいよ仕上げです。テーマは、定年後の計画を立てる。長く勤めた会社から解放されて迎える定年後を「第二の人生(セカンドライフ)」とも言いますが、想像はつきますか。

毎日のように会社員として働いていると、スケジュール帳はなにをせずとも社内の会議やら外での打ち合わせやらでびっしりと埋まっていくものです。たとえば、一日に八時間、年間二〇〇日働いていたとすると、一年間で一六〇〇時間です(実際にはみなさんはもっと働いていらっしゃるかもしれませんね)。定年までが四〇年間だとすると、六万四〇〇〇時間となります。

一方で、定年後の自由時間を計算してみましょう。たとえば、朝九時から夜九時までの一二時間が自由時間だとすれば、一日一二時間×三六五日×二〇年間で八万七六〇〇時間です。つまり、会社員として働いてきた時間よりも、多くの膨大な時間を定年後には過ごすことになるのです。

「なにをしていいか、わからないから、ずっと働いていたい」「夫婦でそんなに長い時間を過ごしたくない」なんて恨み節も聞こえてきそうです。

実際の社会情勢では、定年が七〇歳までのびるのではないかとも言われておりますが、それでも今までにない長い自由時間を過ごすことになるのです。

書店にいけば、本棚にはそれなりの「定年後のマニュアル本」があります。一度はご覧になったことがある方もいらっしゃるでしょう。老後を不安に感じるのは当然のことです。

もっとも種類がたくさんあるマニュアル本は、定年後のお金に関するものです。年金がいくらになるのか、暮らしの資金は足りるのか、相続はどうしたらよいのかなど、さまざまな指南が展開されています。特にマネープランについては、生命保険や医療保険をどのように見直したらよいのか、老後に向けて資金をどう運用したらよいのかなどが詳しく解説されている本がたくさんあります。

しかし、老前整理ではそうした老後マニュアル本とは少し異なるアプローチをとります。老後の計画を立てるにあたっては、お金よりもなによりも先に、定年後はどう暮らしたいかをまず考えていただきます。具体的にはなにをするのでしょうか。これからの計画表をつくるのです。

「自分史年表」をつくりあげたある男性は、次のような感想を述べました。

「自分史年表をつくって過去と向き合うことで、過去と現在は連続していることが明確になり、人生を深く感じることができました。また、息子にも自分史年表を見てもらいましたが、とても好評でした。それがきっかけで今後のことも話し合いました」

過去をふり返り、現在を見つめ直すことで、未来のことが計画できるようになります。まず「未来の自分史年表」をつくることから始めましょう。

未来の自分史年表をつくろう

前章の最後で、すでに過去の自分史年表を書いていただいていると思います。その下にもう一枚、紙を用意していただき、これから先の「年」を書いて、未来に起こるだろう「出来事」を予想して、書いていただきたいと思います。

とはいえ、未来のことなんて想像がつかないという人もいらっしゃるでしょう。そこで未来の出来事チェックシートをご用意しました。次のことを参考にしていただき、未来の自分史年表を完成させてください。

□親の介護

実家の片づけで親の現在の状況は把握できたのではないでしょうか。では、親の介護が必要になる時期は、どれくらい先になりそうかの検討はつきましたか。また、その際に必要なのは自宅介護の準備でしょうか。それとも、住み替えや老人ホームへの入居でしょうか。今の時点で考えられることを選択して、一度書いてみましょう。

□老後にやりたいこと

働いているときや子育てしているときは、忙しくてできなかったけれども、自由時間がたくさんある老後だからと、やりたいことは出てくるものです。家のなかを整理して若いときに買ったギターを見つけ、「老後になったら演奏を再開しよう」と思った人もいるでしょう。過去を整理したから見えてきたこと、というのもあるはずです。たとえば、次のような趣味がありますので、参考にしていただき、未来の予定を書き入れましょう。

- ●ガーデニング、家庭菜園（健康によい、地域と交流できる）
- ●国内旅行、海外旅行（非日常体験、家族や友人と交流できる）
- ●ウォーキング、スポーツ（健康によい、人間関係が広がる）
- ●地域コミュニティ活動、ボランティア活動（社会貢献、費用があまりかからない）
- ●絵を描く、語学、将棋や碁、俳句や短歌（手やあたまを使い認知症予防になる）
- ●読書、映画鑑賞（心が動く体験、自分のペースでできる）

●定年後も働く（生きがい、収入となる）

□老後の住まい

いちばん大きな選択は「老後の住まい」かもしれません。大きく分けて「持ち家派」と「賃貸派」の二つのパターンがあるかと思います。

「賃貸派」の方が考えなくてはいけないのは、ずっとこのまま賃貸の家に住み続けるのか、それともどこかの時点で住宅を購入するのかという点です。もし老後のために住宅を購入するつもりであれば、その年に「老後のための住宅を購入する」と書き入れてください。

「持ち家派」の方は今の家に住み続けるのか、それとも住み替えるつもりなのかが大きな分かれ目です。

もし今の家に住み続けるようならば、リフォームや建て替えが視野に入ってきます。たとえばキッチンや浴室などの水回りの住宅設備には耐久年数があり、ある時期で必ずリフォームが必要となります。築年数が五〇年を超えてくれば建て替えという選択肢もあるでしょう。こうしたことを「〇〇〇をリフォームする」「家を建て替える」と書き入れます。

住み替えを考えるならば、その住み替え先はどこでしょうか。「定年後は田舎暮らしをする」と決めている人もいれば、「海外へ移住したい」という人もいるかもしれません。あるいは「親の実家を相続する予定」というケースもあるでしょう。こうした住み替え先の選択肢を決め、あとはその家を購入するのか借りるのかなどを考えます。そして今住んでいる元の家をどうするかです。売却するのでしょうか。賃貸物件として貸し出すのでしょうか。そうした見込みを未来の年表に書き入れてください。

まれに定年後はすぐにシニア向けマンションに入りたいという方もいらっしゃるので、そうした場合も同じように予定を書き入れてください。

□自分の介護

親の介護について準備ができたからといって、ひと安心と思うのはまだ早いです。次は自分の心配をしなくてはなりません。

まず考えていただきたいのは「誰が面倒をみるのか?」という点です。介護者として、まず候補にあがるのは子どもでしょう。いつの時代も子どもが老後の面倒をみてくれることを期待するものです。その場合には、子どもとの物理的な距離、心理的な距離の二つを知らなくてはいけません。

物理的な距離とは、自分たちが住む家と子どもが住む家の距離です。子どもが都会へ働きに出ていて、日常的に帰ってこられないようならば、住まいを見直す必要が出てきます。子どもが住む家の近くに、夫婦ふたりで住むコンパクトなマンションを賃貸する、購入するなどの選択肢があります。

また、当然のことながら子どもの意向があるもの。それが心理的な距離です。もし子どもたちに面倒をみるつもりがないようならば、計画できません。よく話し合ったうえで決めなくてはなりません。

そのほかにも親せきなど家族に介護をお願いできる人がいないようならば、老人ホームなど施設に入ることが選択肢となります。第一章でも少し書きましたが、自分に合った施設を選ぶことが必要です。未来の予定を記入する段階では細かく書く必要はありませんので、「施設に入る」とひとこと書き加えましょう。

□**エンディング（相続、葬儀、墓）**

人生の最期はどう迎えるのでしょうか。ご存じのとおり日本人の平均寿命は世界での上位です。男性が八〇・二一歳、女性が八六・六一歳。二〇一四年の調査で、初めて男性の平均寿命も八〇歳を超えました（厚生労働省「平成25年簡易生命表」）。エンディングの三大テーマといえば「相続」「葬儀」「墓」です。

「相続」は未来の自分史年表に詳しく書く必要はありません。ビジネス雑誌などで頻繁に特集されることから、相続こそが最大の悩みと思われる人も多いようですが、自分自身の老後の暮らしを最優先で考える老前整理では、重要度は高くありません。「息子に相続する」「娘に家をゆずる」などイメージだけを簡単に書いておきましょう。

「葬儀」もエンディングノートが流行ったことから、真剣に考える方が多くなりました。こちらも老後の生活に大きくかかわることはありません。「家族だけで地味にやりたい」「派手にやりたい」など、今の段階の希望を書きとめておきましょう。

「墓」については親の墓がどこにあるか、家系がかかわる場合もあるでしょう。まずは親の希望があり、次に自分の墓について少し考えます。介護のときもそうでしたが、墓は子どもたちがメンテナンスをし、また墓参りをするものですので、介護と同じように子どもたちを含む家族のことを考えながら、今の希望を書きとめておけばよいでしょう。

2.「終の住処」の選び方

「田舎で暮らそう」がいちばんむずかしい

「未来の自分史年表」はうまく完成したでしょうか。現在を起点にして、過去と未来がうまくつながっていることを実感できれば、老前整理をおすすめする私としては、とてもうれしいことです。

そして「未来」を見ることで、はたと気づいていただきたいことがあります。それは「住まい」こそが、老後の生活を大きく左右する点だということです。「終の住処」という言葉もありますが、最期を迎えるときに住む場所というのは、時代を超えて永遠のテーマです。

テレビ番組で「田舎で暮らす」「海外移住」といったテーマが多く取り上げられることから、「いつかは田舎に」「夢は南国への海外移住」と漠然と想像している方もいらっしゃると思います。しかし、一方で見なくてはならない現実もあります。

たとえば、「買い物難民」という言葉をご存じでしょうか。読んで字の如し、過疎化した場所で買い物するスーパーや商店が閉店したうえに、高齢であると行動範囲が狭くなるため、食品や生活用品を買う場所に困る人たち（難民）がいるということです。経済産業省ではこうした買い物弱者が全国に六〇〇万人いると推定しています（経済産業省「買い物弱者対策支援について」）。

今は想像がつきにくいかもしれませんが、車を使わなければ買い物がむずかしいのが田舎暮らしです。何歳まで車に乗り続けるつもりでしょうか。七〇歳を超えてくれば、認知能力や判断力もおとろえて、自動車事故を起こさないかと車に乗り続けるのが心配になります。子どもたちも「危険だから車はもう乗らないで」と言うかもしれません。

また、暮らしをともにするパートナーが突然倒れたら、どうしましょうか。一一九番に電話して、すぐに救急車に来てもらったとしても、どこかに診察してくれる病院がなくてはなりません。総合病院はお住まいの近くにあるでしょうか。

このように老後の住まいは、みなさんが安心しておだやかに暮らせる大きな部分を左右する問題です。ですので、次に正しい「終の住処」の選び方をお教えしましょう。

今の家に住み続けたい人が考えるべきポイント

「未来の自分史年表」に書いていただいた選択肢が正しいかどうかを、さらに情報を加えて検討していきましょう。

まずは、今の家に住み続けることを希望する場合、考えるべきポイントはなんでしょうか。

最大のメリットは、住宅ローンを払い終えれば、当面はあらたな費用がかからない点です。またリフォームすべき時期なども、住宅設備機器の耐用年数によりある程度は予想がつきますので、支出の予定をある程度決めることができます。環境の変化によるストレスがない点も大きなメリットです。

子どもたちがずっと住んできた場所が残ることで、「帰るべき実家がある」と思うことができ、心のよりどころにしてもらえるのも大きいことです。家族の歴史が積み重なる家は、きっと家族のきずなを強くしてくれるでしょう。

一方で考えなくてはいけないのは、今と老後とではライフスタイルが大きく変化するため、その変化に対応できるかどうかです。

先ほどの例にあげた「買い物」など生活のインフラはどうでしょうか。高齢となり足腰が弱ったときにも、買い物できる場所はあるでしょうか。また今後、自分の住む地域が過疎化してスーパーやコンビニが撤退してしまう可能性はないでしょうか。さらに病院はありますか。医師不足は高齢社会を迎える日本にとっても大きな問題です。

私は「老前整理」を伝えるために、全国各地で講演させていただいておりますが、ある地域で講演させていただいたときに、とても心配に思ったことがあります。いわゆる「ニュータウン」と呼ばれる場所でしたが、住む人の年代分布を聞くと、明らかに団塊ジュニアと呼ばれる一九七〇代生まれの世代に人口が集中しているのです。

年齢分布が特定の年代に集中している街はとても危険です。今はみなさんお元気かもしれませんが、二〇年後、三〇年後となればその街は高齢者だけが住む街となるでしょう。そうなると若い活力が必要な地域コミュニティも運営がむずかしい。たとえば、防犯のための見回りをするにも、高齢者ばかりでは成り立ちません。雪がたくさん降る地域ならば、誰が雪かきをするのでしょうか。若い世代、子どもたちがいるからこそ、地域は活性化するものです。

あなたが今住む場所には、どんな人たちが住んでいるでしょうか。二〇年後、三〇年後に心配になるような要素はありませんか。もし今の家に住み続けることを希望するならば、将来起こる最悪の事態も想定する必要があるのです。

住み続けるためにリフォームするなら

住み続けるためには、メンテナンスも必要です。快適な暮らしを送るためにリフォームという手段もあります。リフォームはどのように予定すればよいのでしょうか。

まずチェックしていただきたいのは、自宅が建てられた年です。もし自宅が一九八一年以前に建てられたようならば、耐震や免震の対策が必要となる可能性があります。もしものときに安心して暮らせることがなによりも大事なポイントです。

リフォームするならば、ライフステージの大きな節目から逆算することがポイントです。子どもの独立により、夫婦ふたりで暮らすようになれば子ども部屋は必要なくなるでしょう。むしろ必要なのは広いリビングなのかもしれません。子どもが結婚して孫を産み、「子育てを手伝ってほしい」と娘が言うようならば、親子で同居することになるかもしれません。そのためにはリフォームが必要です。もっと言えば二世帯住宅に建て替えが必要となるかもしれませんね。

老後のリフォームは大きく分けて「介護のためのリフォーム（バリアフリー化）」と「暮らしのためのリフォーム」の二つを考えます。

バリアフリー化は、実家の片づけで親の暮らしを考えるなかでイメージをするとよいでしょう。介護の有無に合わせて、どういったことが必要となるのか。どの場所にリフォームが必要で、どの程度の費用がかかるのか。まずは親の暮らしを考えるところから、自分の暮らしを考えます。

介護のためのリフォームには、すでに紹介したように「介護保険制度」が適用されることがありますので、事前に手続きを確認しましょう。きちんとした情報を得ることで、あとから損したということのないようにしておきます。

暮らしのためのリフォームは、老後のからだの変化に合わせて改修すべきものと、耐用年数を超えた住宅設備機器の入れ替えなどがあります。

老後のからだの変化は、意外と身近なことです。たとえば浴室が若いころよりも「冷える」と感じます。その場合は、浴室に暖房が必要なのかもしれません。その際には転倒防止の手すりがあるとよいかもしれません。からだの老化に合わせたリフォームを予定することになります。また、住宅そのものが老朽化すればリフォームが必要です。きちんと調べて、専門家に相談したうえで計画していくとよいでしょう。

むかしに建てられた木造住宅には、必ず和室と押入れがありました。今では洋室だけのお宅も多いようですね。みなさんは押入れを使ったことはあるでしょうか。普段はふとんをしまっておく場所ですが、収納スペースとしても使われます。

でも、押入れは意外と奥行きがあり、奥にあるものが取り出しにくく、使いづらいと思われた方もいらっしゃるのではないでしょうか。押入れのサイズは三尺×六尺（約九〇〇ミリ×一八〇〇ミリ）というサイズ（奥行きは九〇〇ミリ）が一般的です。これはふとんのサイズに合わせてつくられています。もし、すでにベッドがあり、今後もふとんを使わないとしたら、ライフスタイルに合わせてリフォームすればよいのです。

しかし、リフォームにかかるお金はバカになりません。下手をすると、これなら新築にしたほうがいいという場合もあります。

また、リフォームの工事中は家に住めないこともあり、マンスリーマンションを数か月間借りる費用と引っ越し費用がリフォーム費用に加わります。工事中は必要なものだけを持って引っ越しをして、リフォームが終わればまた引っ越しです。

家に住み続けてリフォーム工事をしてもらう場合でも、毎日のように工事のため人が出入りしますし、もし水回りの工事が入れば水道が使えなくなります。トイレが使えない、料理もできないということがあるかもしれません。たとえ数日のことだとしても、不便ですし気を遣うことも多いでしょう。こうしたコストを事前に見積もるように気をつけましょう。

では、自宅の建て替えはどうでしょうか。

自宅の建て替えを検討する場合もリフォームと基本的には同じポイントを考えますが、一つだけ異なるのは「相続」の問題がある点です。

老後が二〇年後、三〇年後に訪れるならば自宅も築三〇年を超えてきて、不動産としての資産価値も落ちるでしょう。しかし、老後に向けて建て替えるとなると、それなりの資産価値を持ちます。

また、資産価値がないからといって大丈夫だというわけでもありません。特に気をつけていただきたいのは税制の変化です。空き家を放置することで倒壊のおそれがある、あるいは犯罪の温床となるなど、空き家が増えて空き家率が上昇すること自体が社会的な問題となってきていることから、固定資産税の見直しが検討されています。

二〇一五年二月現在では、住宅の土地は二〇〇平方メートル以下だと、評価額が本来の六分の一に抑えられ、固定資産税が減る特例があります。空き家を解体して更地にすると、固定資産税が六倍に増えるため、空き家を放置する人が多いのです。この税制が見直されれば、子どもが実家を相続したとしても放置はできません。解体には数百万円の費用がかかるでしょう。相続する人に負担がかかることを考慮しなくてはなりません。

このように実家に住み続けるにしても、リフォームしたり建て替えたりするにしても検討すべきポイントがありますので、計画の参考にしてください。

住み替えのポイント

住み替えは、場所選びがすべてです。住み替え先はどこにするのでしょうか。実家なのか、子どもの住む家の近くなのか、田舎や海外なのか、その希望によりポイントは異なります。

実家へのUターンを考えているのならば、もちろん親との話し合いが必須です。実家の片づけをきっかけにして、親とのコミュニケーションを深めてみましょう。また、生活インフラの有無や介護への備えはほかの選択肢同様に検討しなくてはなりません。

子どもの世話になることを予定して、子どもの住む家の近くへ住み替えるときも、同様に普段からのコミュニケーションと話し合いが必要です。その際には、ぜひ今まで実践してきた老前整理の成果を利用しましょう。写真の整理により二、三冊にまとめられたアルバムは、いつでも取り出せるようになっています。盆暮れ正月に子どもが帰省すれば、いっしょにアルバムを見ながらそれとなく老後のことを相談できるはず。つくりあげた自分史年表を見せてもよいでしょう。会話のきっかけとすることができます。

田舎暮らしは少々やっかいです。長く住み慣れた土地を離れて、そこでは新しい住人となるわけですから、近所付き合いもゼロからのスタートとなります。田舎ほど新参者を嫌う地域が多いとも言われます。

また、自然が豊かで快適だったと思っていたものが、むしろ自然が猛威をふるうこともあります。住み替える地域の春夏秋冬をきちんとご存じでしょうか。

定年後はせっかく自由時間が余るほどあるのですから、完全な移住ではなく、週末や観光シーズンにだけ田舎で暮らすということではダメでしょうか。スーパーや病院などの生活インフラや交通インフラの不安もありますので、事前に下調べをきちんとしたうえで決めてください。

海外移住も田舎暮らしと同じです。

異文化の世界で暮らすのは刺激的であり、憧れる気持ちはよくわかります。一方で、言語の壁、文化の壁、宗教の壁など、乗り越えるべきハードルはとても高いもの。移住のためのビザを取得するなど、手続きもあります。まとまった資金も必要となるでしょう。

移住ではなくロングステイ（長期滞在）ではダメなのでしょうか。外国は旅行で訪れるのと、そこで暮らすのとでは大きな違いがあります。

ロングステイを実行しておられる例を紹介しましょう。六〇代のあるご夫婦は一年のうち半分は海外で暮らしておられます。場所もニュージーランドで、英語圏で治安のよい所を選んだのだそうです。数か月の暮らしでアパートを借り自炊をすると、物価が安いので生活費は日本より安いくらいだそうです。また小さな町で知り合いがたくさんでき、コミュニティにも溶け込んでいるようです。航空運賃が気になるところですが、インターネットで安いチケットを買うそうです。このご夫婦には外国暮らしは特別なものではないようです。しかし移住となるとハードルが高くなるので、今の暮らしで十分とのことでした。

海外移住は専門家や専門業者がいる領域ですので、アドバイスをもらうとよいでしょう。ただし、みなさんのためよりも、あくまでビジネスとしてお金をもらうために動く人も多いですので、慎重に計画を進めてください。

残された自宅の片づけ方

持ち家の方が住み替えた場合には、それまで住んでいた家が残ります。残された自宅を片づけなくてはいけません。

まず思い浮かぶのは「売却」です。

気をつけるべきは、すぐに売れるわけではない点です。築年数や駅までの距離など不動産価値にもよりますが、少なくとも一年はかかることを覚悟すべきです。住み替えに必要な資金を捻出するにしても、すぐにまとまったお金が入らないことに注意しましょう。

また、不動産は希望額どおりに売却できるわけではありません。見積もった金額で売却できずに、住み替えの計画が台なしになるケースもあり得ます。日本は人口減少期に入り、空き家率が上昇する傾向にあるなど、今後の見通しも不透明です。金額に過度な期待をしないように気をつけましょう。

家を売却した際に、買ったときよりも高く売れた場合は、その売却益（譲渡所得）を確定申告しなくてはなりません。また、逆に売却損（譲渡損失）は税金を控除できるケースもあります。税金にかかわる点をきちんと調べてから、売却を検討するように注意してください。

次にあがる自宅の片づけ方は「賃貸」でしょう。

これも不動産をどう運用するかという話ですので、うまくいかない事態も想定する必要があります。必ず入居希望者がいるわけではありませんし、空いていれば賃料収入もありません。また、貸し出す物件は商品ですので、高く借りてもらうためにリフォームが必要になることもあります。

賃料収入を期待して、住み替えの計画が甘い見積もりにならないように注意しましょう。

最近では「マイホーム借り上げ制度」も注目されています。「移住・住みかえ支援機構（JTI）」が、五〇歳以上のマイホーム所有者を対象に、家を借り上げて転貸し、安定した賃料収入を保証してくれる制度です。安定的な収入が得られることは大きなメリットですが、当然ながらかかる経費は賃料収入から差し引かれますので、利用する際にはよく検討してください。

最後の選択肢は子どもへの「贈与」です。

「贈与」について知っておくべきは、相続税よりも贈与税のほうが一般的には高いことです。また所有権の移転手続きには諸経費もかかりますのでご注意ください。なお、生前贈与には非課税枠の特例もありますので、知っておくと得するケースもあります。自宅を片づける際に贈与を選択されるときには、専門家のアドバイスを受けましょう。

3．子どもに迷惑をかけないために今できること

「ピンピンコロリ」の人生

病気に苦しむことなく、元気に長生きして（ピンピン）、あっけなく逝く（コロリ）ことは、誰しもが理想とする生き方です。

しかし、実際にはそう簡単にはいきません。

たとえば、要介護認定者の割合は七〇〜七四歳で八・七％、七五〜七九歳で一五・四％、八〇〜八四歳がもっとも多く二三・八％です。八〇歳を超えれば、およそ四人に一人は要介護者というわけです（厚生労働省「平成二五年国民生活基礎調査」）。

病気、あるいは介護状態になれば、迷惑をかけるのは家族。介護には夫婦で「老々介護」という別の社会問題もなかにはありますが、ほとんどの方は子どもを頼りとされることでしょう。

両親が健在のみなさんはどうでしょうか。実家を片づけてみて、「うちの親は元気でよかった」とほっとされているかもしれません。同じように、二〇年後、三〇年後には、きっと同じ思いを、みなさんの子どもがされることになるでしょう。

「なるべく子どもに迷惑をかけたくない」というのが親の心情です。せっかく実家を片づけて、自分の老前整理をしてきたのですから、子どもに迷惑をかけないために、今のうちにできることを考えてみてはいかがでしょうか。

迷惑をかけないで生きるためのチェックリスト

今できることを考えるといっても、「さあ、考えてください」と言われて考えつけるものではありません。ですので、今のうちに確認をしておくとよいポイントをチェックリストにまとめました。

□健康に気をつける

もっとも基本的なことは、今の良好な健康を保つことです。持病はありますか。持病があるなら、きちんと医師の指示のもとでクスリを飲むなど適切に健康管理をしていますか。持病はないとしても、定期的に健康診断や人間ドックを受けていますか。

食生活には特に気を遣いましょう。生活習慣病の予防が大事です。太りすぎても、痩せすぎてもいけません。もちろん、タバコやお酒はほどほどに。

からだは動かしていますか。ウォーキングやランニング、ラジオ体操のような簡単な運動でもよいですから、続けるようにしてください。登山を趣味にする方も最近では多いようですね。スイミングなど長く続けられるスポーツがあってもいいと思います。睡眠はリズムを崩さぬように気をつけます。

忘れがちなのが歯の健康です。虫歯など歯が痛くなってから歯科医にかかる人が多いですが、定期的に歯垢を除去してもらうなど、歯の健康診断が大切です。早めに手入れをしておけば、より長く自分の歯で食べられる。この自分の歯で食事ができるというのは非常に大きなことなのです。「噛《か》む」ことは脳に刺激を与えるとも言われています。認知症の予防にもなるかもしれません。おいしいものを自分の歯で食べるのがなによりです。

□人付き合いをする

自分の子ども以外にも、なにかあったときに頼れる人がいるととても安心します。人付き合いには積極的でしょうか。定年後には年齢や肩書は関係なくなります。打算的な付き合いは必要ありません。趣味を通じての友人、地域コミュニティやボランティア活動のなかで得た友人は大切にしましょう。自治会や近所付き合いも同じです。「近所のうわさ話や井戸端会議はごめんだ」と思う人も多いでしょう。たしかにわずらわしいことはあります。でも、たとえば「となりの町内で放火が三件起こっているようだ」というような、回覧板や新聞にはなかなか載らない地域の情報が入ってくるのです。

もちろん余計なおしゃべりをする必要はないと思いますが、このような地域の情報が入ってくるようにアンテナは立てておいたほうがよいかもしれません。

年賀状を整理されたみなさんは、保つべき人間関係がすでにはっきりとされているかもしれませんね。人と人とのつながりが大切なのは仕事でも人生でも同じです。

□老後のお金を持つ

お金は本書での優先順位は高くありませんが、実際には必ず準備してください。年金がいくら支給される予定なのか、老後の生活費は毎月いくらかかるのか、生命保険や医療保険の見直しは必要ないのか、住宅ローンの繰り上げ返済をすべきかなど、老後のマネープランにおいてあげるべき項目はたくさんあるでしょう。入院や介護、葬儀などの費用を用意することも必要です。老後に向けて計画的に、ムダ遣いのないようにすることが大切です。

持ち家の方ならば「リバースモゲージ」という選択もあります。リバースモゲージは自宅を担保とする（抵当に入れる）ことで、自治体や金融機関が老後の資金を融資してくれる制度です。自治体、各都道府県の社会福祉協議会などや、銀行など民間の金融機関が実施しています。主に六〇歳か六五歳以上の人で、土地つき一戸建ての人が対象となります。自宅を売却することなく老後の資金が手に入ることが大きなメリットです。

　老後の資金は足りなくならないように、きちんと準備しておきましょう。

□「介護」と「相続」を知る

　入るべき老人ホームを今から決める必要はありません。また、すぐに遺言書を書きましょうということでもありません。「介護」や「相続」で今のうちにやるべきは、まず知識を持つことです。

　介護保険制度はどう役立つのでしょうか。なにができて、なにができないかをご存じでしょうか。受給のためには条件もあります。そうしたことをあらかじめ調べておくことです。老人ホームについても同様に、どのような種類があるのかを調べてみるとよいでしょう。不安は知らないことから生じるものです。

　相続も同じです。相続で問題になるのは、どんな点でしょうか。そもそも相続権があるのは誰かをご存じでしょうか。遺言書を書くことの意味はどこにあるのでしょうか。あらかじめ知っているのと、知らないのとでは大きな違いです。まずは情報を得て、知識を持ちましょう。

□「いざ」というときに備える

いつ病気になるのか、いつ事故に遭うのか、未来は誰にもわかりません。万が一に備えておくことが必要です。地震や火事などの災害時に必要なものはすぐに持ち出せるようになっているでしょうか。急に入院したときのために、保険証の場所は把握しているでしょうか。どんな医療保険に入っているのかを家族はご存じでしょうか。財産リストなどのメモはあるでしょうか。

また、頼るべき人は決まっていますか。子どもが遠方に住む場合、親せきを頼るケースもあることでしょう。病気のとき、事故に遭ったとき、地震や火事のときにそれぞれ誰を頼ればよいのでしょうか。決めておくことが大切です。

ことが起こったあとに、家族が誰に連絡してよいかがわからなくなるケースもあります。そうした人たちの連絡先はあらかじめ共有しておくとよいでしょう。

□老前整理を実行する

本書でお伝えしてきた老前整理は実行に移してこそ、意味があります。手前味噌ではありますが、老前整理は子どもに迷惑をかけないための最良の方法です。実家の片づけを経験された方、遺品整理を経験された方ならば、実感を持っていただけるのではないでしょうか。

老いる前に一度、身の回りを見直し、これからの暮らしを考えて、ものとあたまの「整理」をしましょう。たくさんの人が実践を始めています。これほどシンプルで効果的な手法はない。私は確信しています。ぜひみなさんもチャレンジをしてください。

4. まとめ

本章では定年後の計画を立てるために、まず「未来の自分史年表」を書いていただき、「終の住処」をどう選べばよいか、ポイントをあげました。また、今できることの確認リストをご紹介しました。

実際に行ってみると、そう簡単にいかないと思われることも多いと思います。また我が家にはこんなにものがあったのかという驚きと発見もあるでしょう。

実家の片づけから始まり、自分のための老前整理、定年後の計画をつくる、という三つのステップが本書で私がお伝えしたかったすべてです。

最後になりますが、老前整理を始めるにあたっての心がまえをお伝えしたいと思います。

まず、実行すると決断するならば、今がチャンスです。いつかやろう、そのうちやろうと先延ばしにする理由を並べずに、とにかく最初の一歩を踏み出すことがなによりも大事です。

「一〇年前に老前整理をしておけばよかった」という七〇代、八〇代の方の声もたくさんいただきます。正直な感想だと思います。高齢になればなるほど体力や気力がおとろえるのに加え、五年、一〇年と経てば確実に今よりものが増えているでしょう。その意味でも早いほうが楽です。

また「やるぞ！」と意気込んで、思い出の品など、捨てるかどうかを迷いやすいものからとりかかる人がいます。しかし、捨てるのは心理的なハードルが高いものを、数日で一気に片づけようとするのは頑張りすぎです。無理をせず、手をつけやすいもの、手放しやすいものを整理することから始めるなど、頑張らないことが失敗をしないコツです。少しずつゆっくりと片づけながら、今までのことやこれからの過ごし方などを、じっくりと考える時間も老前整理には大切な要素です。

そして、老前整理は「自分を大切にすること」が基本となります。「会社が」「仕事が」「夫が」「妻が」「子どもが」ではなく、「私が」です。

自分自身がどのような暮らしをしたいか、どのような環境をつくっていくか、それをそろそろ行動に移してもよいのではないでしょうか。自分を大切にすることはわがままを言うことではありません、そろそろ自分にやさしくしてあげてもよいのではないですか、と私は言いたいのです。

あれこれ悩み、いろいろと決めていくなかで、選択肢が減ることもあるでしょう。二〇代でできることと六〇代、七〇代でできることが違うのは当たり前です。今できることはなにかを考えてみることです。そうすると「せっかく田舎暮らしをしようと計画していたのに、現実を見ると夢物語だった」という人もいるでしょう。しかし、おそれてはいけません。なげいてはいけません。次の道を探せばよいのです。

決断こそが今、求められていることだと知りましょう。また都合の悪いことは気にせずにフタをしてしまってもかまいません。あくまで前向きに進んでいくことこそが大切なのです。

本書でお伝えした三つのステップのすべてをみなさんが実行されたあとに、どんな感想を持たれるのかを、とても楽しみにしております。

おわりに

最後までお読みいただき、ありがとうございます。

本文でも触れましたが、私が「老前整理」の活動を始めたきっかけは、介護の現場にいて、介護するだけでは解決できない問題に気づいたからです。

せっかく家のなかをバリアフリー化していても、廊下や階段にダンボール箱が積み上がり、床に新聞や雑誌の束がおかれていては、まったく意味がありません。また、思い出の品を捨てるには、心の整理が必要です。

家のなかにあふれる「もの」が深刻な問題になっている。誰も気づいていないが、どう解決したらよいのだろうか。いろいろ考えて、この問題を解決する手法を「老前整理」と名づけ、活動を始めました。

当初、この活動を応援してくれる人から「『老』という言葉は使わないほうがよい」「抵抗感を示す人が多いから『シニア』と言い換えてはどうか」と助言をいただきました。たしかに「老人」「年寄り」と言われるよりも、「シニア」と言われたほうが聞こえはいいと思います。でも、私は「老前整理」という言葉にこだわりました。なぜなら、「老い」を認めて、現実をきちんと見つめないと、身の回りの整理が進まず、いつまでも解決しないからです。「老後」があるのに、なぜ「老前」がないのでしょうか。

「老前整理」は、この言葉こそが存在意義でもありました。

それから数年間、講演やセミナー、ワークショップなどで全国を駆け回るようになり、女性には受け入れてもらえる手ごたえを感じるようになりました。「次は男性だ。彼らの力があれば、もっと問題の解決は早くなる」と私は考えて、男性にアピールしようと老前整理をテーマにした落語のＤＶＤをつくりました。しかし、この声は届かず、アイデア倒れに終わりました。

どうしたらよいのだろうかと考えあぐねているときに、思いがけずＮＨＫ学園で「やってみよう　老前整理」の通信講座を担当する機会をいただき、それまではなかなか縁がなかった男性の受講者を見させていただきました。

彼らのレポートを添削するうちに、男性は明確な問題が見つかると、解決のために計画を立てて、見事に遂行することに気づきました。仕事と同じ感覚なのでしょう。その姿を見るたびに、「やはり老前整理には男性の力も必要だ」との思いを強くしました。

そしてタイミングは訪れます。最近になり、ビジネス雑誌などで「実家の片づけ」がクローズアップされるようになったのです。

「これだ！」と思いました。実家と高齢の親をどうすればよいのか、多くのビジネスマンにとっても避けられない問題です。実際に悩む人も多く、親は自分の老後にとってもモデルケースとして参考になるでしょう。実家を片づければ、当然のことながら自分の定年後を考えざるを得ません。

本書はこのような課題意識からつくられました。

男性のみなさんには、実家にかぎらず、ご近所で困っているお年寄りにも手を貸していただきたいと願っております。もちろん本書は男性だけではなく、男女を問わず役に立つ整理のノウハウをつめ込んだつもりです。

老前整理のプロジェクトはまだ道なかばですが、みなさまが一歩前進することに役立てれば幸いです。

最後に、本書の編集にあたってはＮＨＫ出版の久保田大海氏に大変にお世話になりました。昨年、ＮＨＫラジオ番組のテキストを作っていただいたご縁がつながり、このような形で結実しましたことをうれしく思います。あらためて感謝申し上げます。

二〇一五年一月

坂岡洋子

校閲　鶴田万里子
DTP　㈱ノムラ

坂岡洋子 さかおか・ようこ
くらしかる代表、老前整理コンサルタント。1957年生まれ。
インテリアコーディネーターとして活動後、ケアマネージャー資格を取得。
在宅介護の現場でモノが多すぎることを実感し、
人生の節目を迎えたときに、モノと頭を整理する「老前整理®」を提唱。
おもな著書に『老前整理』『定年男のための老前整理』(ともに徳間書店)
『日本一親切な老前整理』(主婦と生活社)
『老いた親とは離れなさい』(朝日新聞出版)など。

NHK出版新書 453

老前整理のセオリー

2015(平成27)年2月10日 第1刷発行

著者 坂岡洋子

発行者 溝口明秀

発行所 NHK出版
〒150-8081東京都渋谷区宇田川町41-1
電話 (0570) 002-247 (編集) (0570) 000-321(注文)
http://www.nhk-book.co.jp (ホームページ)
振替 00110-1-49701

ブックデザイン albireo

印刷 慶昌堂印刷・近代美術

製本 二葉製本

Printed in Japan ISBN978-4-14-088453-9 C0236

NHK出版新書好評既刊

現代世界の十大小説
池澤夏樹

私たちが住む世界が抱える問題とは何か？ その病巣はどこにあるのか？『百年の孤独』から『苦海浄土』へ——。世界の〝いま〟を、文学が暴き出す。

450

世界史の極意
佐藤 優

「資本主義」「ナショナリズム」「宗教」の３つのテーマで、必須の歴史的事象を厳選して明快に解説！激動の国際情勢を見通すための世界史のレッスン。

451

憲法の条件
戦後70年から考える

大澤真幸
木村草太

集団的自衛権やヘイトスピーチの問題、議会の空転や、護憲派と改憲派の分断を乗り越えて、日本人は憲法を「わがもの」にできるのか。白熱の対論。

452

老前整理のセオリー
坂岡洋子

老いる前にモノと頭を整理しよう。①実家の片づけ、②身の回りの整理、③定年後の計画、３つのステップで実践する「老前整理」の決定版！

453

踊る昭和歌謡
リズムからみる大衆音楽

輪島裕介

「踊る音楽」という視点から大衆音楽史を捉え直す。マンボ、ドドンパからピンク・レディーにユーロビートまで、名曲の意外な歴史が明らかに。

454